AF592228

PSAPHION,

OU

LA COURTISANE

DE

SMYRNE.

Fragment Erotique, traduit du Grec de MNASEAS, ſur un Manuſcrit de la Bibliothéque du Lord B....

A LONDRES,

chez TOMSON.

M. DCC. XLVIII.

A MILORD B...

MILORD,

L'OUVRAGE *que je présente* à VOTRE GRANDEUR, *est la restitution d'un larcin que j'ai fait sous vos yeux parmi vos trésors litteraires. Personne n'en connoît mieux le prix que vous même : mais vous les communiquez libéralement ; & le véritable art d'en joüir, est d'en partager, comme vous faites, la jouissance avec tous les amateurs des lettres.*

J'eus l'honneur, pendant mon séjour à Londres, d'être introduit chez vous en cette qualité, & dès-lors tout me fut ouvert dans votre maiſon: Livres, Médailles, Antiques, Tableaux, tout fut livré ſans reſerve (& j'oſe ajoûter ſans humeur) à mon avide curioſité. Que d'agréables momens je paſſois dans l'admiration de tant de richeſſes! tantôt fixé dans votre Gallerie a conſiderer les chef-d'œuvres du Titien, de Rubens, de Vandik : tantot entrainé dans votre Cabinet ou je voyois revivre toute l'antiquité ſous l'or, l'argent , le bronze , & le marbre : tantot attaché à votre Bibliotéque ou ſont raſſemblés avec goût tous les bons monumens de la Littérature ancienne & moderne. Mais ce qui m'occupoit le plus etoit cette collection de Manuſcrits rares dont vous augmentez tous les jours le nombre.

Entre ceux que vous acquités de M. Poly *au retour de son voyage de l'Archipel, les Erotiques de* Mnaſéas *attirerent mon attention, & vous me permîtes d'en faire une copie. Je conçus auſſi-tôt le deſſein de traduire & de publier ce petit ouvrage ſous vos auſpices. J'avois d'abord commencé ma* Traduction *en* Latin, *pour lui conſerver un air ſçavant : mais le goût naturel que j'ay pour ma langue m'a fait ſacrifier le mérite d'une pareille verſion à l'ambition d'avoir un peu plus de* Lecteurs. *C'eſt auſſi par cette raiſon,* MILORD, *que je n'ay point jugé a propos de charger de notes un ouvrage aſſurément trop frivole pour cette dépenſe d'erudition.*

Au reste malgré tous les soins que j'ai pris pour m'identifier avec mon Auteur, je l'avoue Milord, je ne sens que trop combien la copie fait perdre à l'original.

Il est difficile aujourd'hui à un Ecrivain qui veut faire parler sa langue à des Grecs ou à des Romains, de ne pas leur donner un peu l'accent de son Pays; & je ne voudrois pas répondre que je n'eusse habillé quelquefois ma belle Greque à la Françoise. Mais ce défaut (car c'en est un) m'est commun avec de si habiles gens qu'on ne peut m'en faire un reproche, sans faire en même tems le procez à tous les Traducteurs du monde. Tout le remede que j'y sçay, est d'être une autre fois plus en garde contre ce Génie National, dont tous nos écrits portent, malgré nous, l'empreinte, ou de n'entreprendre jamais d'en representer d'autre.

Je suis avec un profond respect,

MILORD,

DE VOTRE GRANDEUR,

Le très-humble & très obéissant serviteur. ***.

PSAPHION, OU LA COURTISANE DE SMYRNE.

TOUS les principes de conduite que je viens de vous tracer, aimables Rhodiennes, sont les maximes que l'expérience & la connoissance des hommes avoient dictées à *Psaphion*. Il faut maintenant l'entendre elle-même faire le récit de ses avantures; car c'est elle qui va parler, & je tiens le fidel dépôt de ses expressions. Ce sont mes tablettes, où, tandis que nous l'écoutions *Damaris* & moi, *Moschus* que j'avois fait cacher, gravoit rapidement par mon ordre, toutes les paroles qui sortoient de sa bouche. *Psaphion*, comme je vous ai dit, étoit à sa toilette, & ses coefeuses l'environnoient. Elle fit suspendre son ajustement, & commença de cette maniere.

Ma mere étoit une fort jolie Cyprienne, qui fut enlevée jeune par des Pirates, & vendue pour Esclave à Smyrne. Elle fut achetée par *Cynare*, la plus célébre Courtisane qu'il y eût alors dans l'Ionie, & sa figure adoucit bien la dureté de sa condition. Cynare la mit dans le monde, & *Myone* (c'eſt le nom de ma mere) ne tarda pas à donner des marques de fécondité, qu'on ne lui demandoit pas. Ma naiſſance dont l'origine ſe confond dans la foule de ſes amans, fut un peu précoce, & lui couta la vie. J'étois condamnée avant que de naître, au ſort de ces malheureux enfans, rebut de la nature & de la fortune ; mais mon ſexe, & quelques traits de ma mere, qu'on ſoupçonnoit plus qu'on ne démêloit, attendrirent Cynare. Elle me fit nourrir par une Eſclave, & ſe chargea de m'élever. Ses ſoins généreux, ou intéreſſés furent payés par des progrès étonnans. Ma beauté ſe developpa de bonne heure, & bien-tôt mon eſprit promit encore plus

Je devenois de jour en jour plus chere à Cynare ; mes attraits naissans, loin de l'allarmer, lui paroissoient, dans le déclin des siens, une utile ressource, & elle n'épargna rien pour mon éducation. J'avois la taille admirable, & la voix jolie. J'appris à chanter, à pincer le Luth, à danser, & les meilleurs Maîtres de Smyrne s'empressérent de cultiver mes talens. Mais si l'on eut soin de former mon corps, & d'ajoûter à la Nature tout ce que l'art est capable d'achever, on ne négligea point mon esprit, & Cynare s'attacha surtout, sinon à le rendre solide, dumoins à l'orner de tous les agrémens nécessaires à notre profession. Un célébre Sophiste, de la Tribu Pandionide, qui ſe trouvoit à Smyrne, fut chargé de m'apprendre la Langue Attique : c'eſt-à-dire, de me donner ces douces infléxions, ce ſel naif, ces tours délicats, & ces fineſſes de langage qu'on acquiert difficilement hors d'Athénes. Les tendres Poëſies de Sapho, les molles Elégies d'Antimaque, Bion, Méléagre, Euphorion, tous les Poëtes galans, tous les écrits ingénieux ſur l'amour, faiſoient mes delices, & certainement, ſans trop me flater, j'apportois de mon propre fond, toutes les ouvertures qu'on peut deſirer pour ce genre d'érudition.

Le portrait que je fais ici de moi-même, ne vous paroîtra pas fort modeſte ; mais puiſque vous exigez, mes enfans, que je vous conte mon hiſtoire, il faut bien que vous me passiez quelque retour de complaisance sur les suc cès de ma jeunesse. La vanité ne consiste point à se rendre justice. Il est une sorte de confiance qui sied bien aux belles ; & si je ne suis plus ce que j'ai été, dois-je dissimuler aujourd'hui des avantages qui ont fait toute la réputation dont je jouis encore.

J'entrois dans ma treiziéme année, quand Cynare un jour me tirant à part, me tint ce discours que je n'ai jamais oublié.

» Il est tems, Psaphion, de » quitter l'enfance, & de tra- » vailler à ton établissement. » La Beauté ne nous est pas » donnée pour nous-mêmes, » pour être le stérile objet de

» notre complaiſance, & nous » attacher ſeulement à notre » miroir ; c'eſt un bien dont » nous ne jouiſſons qu'en l'aliénant, dont nous ſommes tout » au plus les dépoſitaires, & » dont la propriété appartient » aux hommes. Tu leurs eſt donc » comptable de ta perſonne, » & tu ne peux, de trop bonne heure, être utile à tes » Concitoyens. Toute la ville » de Smyrne a les yeux ſur toi : » La Patrie d'Homére eſt ta » conquête, & tu comptes tes » adorateurs par le nombre de » ſes habitans. Les jeunes gens » d'une part, briguent tous » l'honneur d'enlever tes premiers ſoupirs, & les vieillards ſe font une agréable » idée de te donner les premiéres leçons de l'amour. Je

» veux leur vendre cher l'opi-
» nion d'un bien dont la ſeule
» fragilité fait le prix. Mais
» parmi tous ces rivaux qui t'aſ-
» ſiégent, il faut enfin qu'un
» ſeul te raviſſe cette fleur qui
» ne ſouffre point de partage,
» & je ſuis indéciſe ſur la pré-
» férence. Si j'accorde les pre-
» mices de ta beauté aux vœux
» impatiens de la jeuneſſe, je
» crains que tu ne prennes du
» goût pour celui qui t'ouvrira
» cette délicieuſe carriere, &
» je t'ai fait enviſager cent
» fois les conſéquences d'un
» attachement prématuré dans
» notre profeſſion. Si je te
» livre à la ſenſualité d'un
» vieillard, ce n'eſt pas te faire
» entrer agréablement dans le
» monde. Le pas, ma fille,
» eſt délicat : aide-moi dans
» ce

» ce choix important, & da-
» bord examinons ton cœur.
» Eſt-il dans ce parfait équili-
» bre, où j'ai tâché de le main-
» tenir? N'y ſens-tu rien,
» je ne dis pas qui l'entraîne,
» mais qui l'incline un peu pour
» quelqu'un? Parle: ne me dé-
» guiſe rien; il y va de ton re-
» pos, Pſaphion, & de nos
» intérêts communs. Je vis hier
» à tes genoux l'Athléte *Pho-*
» *cas*: Il n'eſt pas le plus bel
» homme de Smyrne, mais
» avec ſa jeuneſſe, & tout ce
» que promet ſa figure, ces
» Ethiopiens lavés réuſiſſent,
» où mille Blondins ſe morfon-
» dent, & tu me paroiſſois agi-
» tée.

Moi émue pour Phocas, lui dis-je! Quelle étrange idée vous avez de moi? Quand je regardois ce vilain Cyclope, l'or qu'il m'offroit à pleines mains, sembloit à mes yeux se changer en plomb. » Et le » plomb du beau *Néandre*, re- » prit Cynare, pour toi, sans » doute se change en or: car » quand il est ici tu ne vois plus » personne. Tu sçais pourtant » qu'il est sans ressource, & tu » dois regarder tous ces soupi- » rans, qui viennent t'appor- » ter leur bonne mine, avec » leur inutilité, comme ces » monnoyes légéres qui n'ont » qu'une belle empreinte, & » point de cours dans le com- » merce. « Néandre, répon- dis-je, est aimable, & je vous avouerai qu'il m'amuse; mais il ne fait que m'amuser. » C'est- là fort souvent le chemin du cœur, repliqua Cynare:

» mais je veux qu'il n'ait pas été » si loin ; est-il possible que » dans la foule de ces jeunes » gens, qui nous font une cour » si brillante, il n'y en ait aucun » que tu distingues des autres, » & que tu les voye tous du mê- » me œil ?...... vous hésitez ? » Ah ! vous n'êtes pas sincére. » Je vous surprend tous les » jours dans des distractions » qui décelent ce que vous » voulez en vain me cacher. » On ne rêve plus impunément » à votre âge. Vous aimez, » Psaphion, malgré tous les » soins que j'ai pris pour vous » préserver de cette foiblesse, » & vous avez l'ingratitude » d'user de dissimulation avec » moi. «

Si je fus étonnée de la pénétration de Cynare, ses reproches dont je ſentois la juſtice, me remplirent de confuſion. Je fus quelque tems ſans lui répondre, & enfin je lui confeſſai en tramblant que j'aimois *Sunnion*. C'étoit l'Eſclave chéri du vieux *Thraſibule*, dont j'aurai bientôt lieu de parler. Sunnion originaire de Créte étoit d'une taille un peu ramaſſée, mais d'une figure touchante, & dans cet âge heureux qui conſerve encore les graces de l'enfance ſous la vigueur de la jeuneſſe. Cynare pâlit au nom du Crétois, & fut frappée comme d'un coup de foudre. » Quoi ! dit-elle, c'eſt » un vil Eſclave qui a fait éclo- » re l'amour dans un cœur que » je prenois plaiſir à former » moi-même ? Quoi ! Sunnion » eſt l'objet de vos premiers

» ſoupirs ? Ah ! Pſaphion, » quelle baſſeſſe ! Eſt-ce là le » fruit de mes leçons, & des » peines que je me ſuis don- » nées pour vous élever le cœur » & l'eſprit ? Cette jeuneſſe diſ- » tinguée qui brûle pour vous » n'a-t-elle pû vous défendre » de Sunnion ?

Ces nouveaux reproches m'accablérent ; je n'avois plus de replique, & je me mis à pleurer. Je lui promis pourtant d'oublier Sunnion, & notre entretien finit là. Je fis effectivement d'aſſez bonne foi pendant quelques jours tout ce que je pûs, pour m'ôter ce pauvre garçon de la tête. Mais plus je me repréſentois le malheur de ſa condition, plus je trouvois dans ma foibleſſe de raiſons, pour réparer, autant qu'il étoit en moi, l'injuſtice de la fortune. Je pris donc le parti de ſuivre un penchant que je ne pouvois plus combattre, & comme cette douce mélancolie, inſéparable de l'amour, avoit à moitié trahi mon ſecret, j'affectai beaucoup de dégagement. Cynare n'en fut point la dupe: depuis cette importante découverte, elle ne me perdoit point de vûe. Elle craignoit que je ne diſpoſaſſe, ſans ſon aveu, & au préjudice de ſes intérêts, d'un bien ſur lequel elle avoit toutes ſortes de droits; & j'étois extrêmement obſervée.

Il y avoit tous les jours chez Cynare des ſoupers délicieux où j'étois admiſe, & dont j'augmentois l'agrément, ſoit par les charmes de ma voix que j'accompagnois de mon Luth, soit par les graces de ma danse. Pour la conversation, c'étoit son affaire. Elle sçavoit animer la table, & en assaisonner les plaisirs par ses saillies ingénieuses, & toutes ces spirituelles folies, que son imagination vive, exercée, badine, produisoit sans s'épuiser, & plaçoit à propos. Cynare avec le rare talent d'être amusante & toujours nouvelle, de mettre partout de l'esprit, sans fatiguer celui des autres, étoit d'une souplesse admirable. Elle saisissoit tous les caractéres, & s'y conformoit. Elle passoit avec une facilité surprenante de la volupté délicate à l'emportement de la débauche. Elle s'inondoit de vin de Lesbos avec les plus intrépides Buveurs, & se réduisoit à l'eau chaude avec les partisans de ce frugal breuvage. Elle mangeoit des oiseaux du Phase avec les sensuels Ioniens, & la sauce noire des Spartiates avec les plus austéres convives. Vous l'avez vûe fort âgée Nicarette : qu'elle étoit encore aimable malgré ses rides! L'esprit sembloit rajeunir le corps. On aimoit en elle ce qu'elle n'étoit plus, ce qu'on voyoit bien qu'elle avoit été, & ce qu'elle étoit encore dans son déclin. La volupté brilloit dans ses yeux, & soutenoit toujours leur vivacité : c'étoit l'ame qui la vivifioit. Les traits du tems sur son visage étoient comme les ombres d'un Tableau qui n'éteignent certaines parties que pour donner plus de relief

à

à d'autres. Sa vieilleſſe reſſembloit à la fin d'un beau jour, dont la ſérénité ſe répand juſque ſur la nuit qui lui ſuccéde : elle rappelloit tout l'éclat de ſa vive jeuneſſe.

Enfin arriva le grand jour, le jour marqué dans le Conſeil privé de Cynare, pour m'initier dans l'art de Lays. Parmi plus de vingt concurrens qui ſe diſputoient mes premieres faveurs, trois rivaux de conditions différentes, mais très-importans, négocioient cette grande affaire, & partageoient la réſolution de mon intéreſſée Surveillante. Le fils d'un des principaux Magiſtrats de Smyrne, appellé *Theris*, étoit le premier ſur les rangs. C'étoit le moins riche des trois, mais celui qui pouvoit me donner le plus de considération, & dont par rapport à la protection, nous avions aussi le plus de besoin. Le second étoit *Thrasibule*, opulent viellard, qui avoit amassé de grandes richesses dans l'administration des biens consacrés aux Temples, & dans la levée d'un impôt sur les figues de Magnesie.

Le troisiéme étoit *Pammès*, fils de *Lycortas*, qui commandoit les Galéres de la République. Ce dernier étoit un vrai Capitan, qui peu capable par lui-même de nous faire beaucoup de bien, pouvoit nous faire assez de mal, & qu'il étoit, par cette raison, fort dangereux de d'éconduire.

Cynare incertaine à qui déferer le pas, prit le parti de le donner à tous trois successivement, c'est-à-dire, d'en tromper au moins deux. Elle me prit dès le matin en particulier, & sans me communiquer ses arrangemens, elle me disposa de son mieux à la perte de mon innocence. Il fallut ensuite faire ma toilette, & travailler à ma parure. Cynare elle-même y mit la main, & fut plus de deux heures à placer une petite branche de myrthe dans mes cheveux. Comme elle étoit fort religieuse, avant de me remettre entre les mains des hommes, elle crut devoir me mener avec elle au Temple de *Vénus Pandemie*, où elle vouloit porter des couronnes de fleurs, & elle m'ordonna de me tenir prête, pour partir à ſon retour du bain.

Mais je vois votre curioſité, mes filles : vous êtes en peine de ſavoir ce que je fis de Sunnion : m'y voici, ſon triomphe approche. Plus j'avois fait d'éfforts ſur moi, pour le bannir de mon cœur & de mon eſprit, plus mon goût pour lui s'étoit fortifié. Je le voyois tous les jours paſſer & repaſſer devant notre logis ; & ſoit pur haſard, ſoit inſtinct, je ne manquois point de l'appercevoir, & par conſéquent d'en être apperçûe. Que nos regards étoient éloquens, tendres, expreſſifs ! Je ne ſçais qui de nous deux prévint l autre : mais nous nous comprimes d'abord. Nous brûlions de nous parler, & juſqu'à ce jour nous avions été obligés de nous en tenir au langage des yeux. Mais lorſque je vis mes plus chers appas deſtinés à être la proye d'un inconnu que je n'aimerois point autant que Sunnion, quand même il eût été plus aimable, je réſolus de tenter toutes ſortes de moyens, pour diſpoſer en ſa faveur du ſeul bien que je pouvois lui donner, & que lui envioit la Fortune.

Cynare & moi nous allions ſortir pour aller au Temple. Heureuſement quelques étrangers arrivés ce jour même à Smyrne, vinrent lui donner de l'occupation au logis, & lui firent changer ſes diſpoſitions. Elle fut donc obligée de me confier à *Praxille*. C'étoit une grande fille d'Icarie, dont l'air mélancolique & férieux en impofoit même à Cynare. Nous l'avions furnommée la *Prétreffe*. Elle étoit d'une grande réferve avec moi, foit qu'elle ne me regardât que comme une enfant incapable de fa confiance foit qu'elle me confidérât comme une rivale prête de la chaffer du théatre. Au travers de toute fa froideur, je lui avois découvert une inclination. *Lagus*, (c'eft le nom de fon Amant) étoit fils d'un Marchand de Poiffon, qui demeuroit au bas du Mont Sypilus, attenant le Port. Je ne doutai point que Praxille ne profitât de l'occafion, pour fe ménager au moins une rencontre avec Lagus, & mon projet fut d'avertir Sunnion de se rencontrer, aussi quelque part. Je trouvai le moyen de lui faire tenir un billet, où, sans imaginer seulement à quoi notre entre-vûe nous pourroit être bonne, je lui marquois toutes les circonstances de la dévotion que nous allions faire.

Nous voilà sorties Praxille & moi, chacune couverte de notre voile. Praxille, comme je l'avois prévû, prit le chemin du Port. Bientôt son Amant nous joignit, & j'apperçûs presque en même-tems Sunnion. Lagus instruit du sujet de notre course, nous fit entrer près du Gymnase, chez la Bouquetiere *Vappa*. C'étoit une Mégarienne déliée à qui l'Amour, pour récompense de l'avoir bien ſervi pendant ſa jeuneſſe, avoit conſervé le goût du plaiſir, non plus pour en donner par elle-même, mais pour s'intéreſſer à ceux de ſon ſexe. Sunnion nous ſuivit chez elle, & Praxille occupée de ſes propres affaires, nous laiſſa toute la liberté que nous déſirions. Il éto t queſtion d'avoir un prétexte pour pouvoir être ſeule avec ſon Amant: elle imagina ſur le champ je ne ſçai quelle explication à finir entre eux, & paſſa avec lui dans une chambre, où je jugeai bien que ma préſence étoit inutile. Reſtez avec la Bouquetiere, nous nous regardions Sunnion & moi, ſans oſer, Amans novices, lui propoſer ce qu'elle devinoit de reſte. Elle nous parcouroit tous les deux depuis la tête jusqu'aux pieds, & nous jettoit de tems en tems des regards malins, qui, après m'avoir déconcertée, m'enhardirent. Je détachai une de mes boucles d'oreille qu'elle eut la complaisance d'accepter, & je la priai de me rendre le même service qu'à Praxille, c'est-à-dire, de me donner aussi les moyens d'entretenir en particulier le beau garçon qui étoit présent, & que Praxille n'avoit pas remarqué. La bonne Vappa comprit aussi-tôt ce qu'elle feignoit d'abord de ne pas entendre, & elle acheva d'héberger les amours. Elle nous mit dans une petite salle à côté de l'endroit où Praxille venoit d'entrer avec son Amant, & d'où nous pouvions entendre leur conversation.

Que vous dirai-je, mes enfans ? L'entretien fut court entre Sunnion & moi. Nous étions singuliérement partagés par le plaisir de nous voir, de nous posséder, d'être seuls ensemble, & par le desir pressant d'écouter ce qui se passoit à côté de nous. Grand Dieu ! Que notre Icarienne étoit transportée ! Quels soupirs, & quels élans frappoient nos oreilles ! Autant elle paroissoit indolente ailleurs, autant dans les combats amoureux elle étoit vive, animée, furieuse. Ma chere compagne, sans le sçavoir, faisoit découler jusqu'à nous l'irrésistible volupté. On eût dit que du mur qui nous déroboit la vûe de cette intéressante scéne, il transpiroit un ſeu dévorant. Nous ſentions pour ainſi dire le contre-coup des atteintes que ſe faiſoint ces tendre Athlétes : nous étions agités de tous leurs mouvemens. Notre imagination vivement remuée par ces accens entrecoupés, & ce voluptueux murmure, qui ſont le langage des ames, portoit juſqu'à nos cœurs ces douces ſecouſſes qui font palpiter les Amans. Nos ſens, par les impreſſions du plaiſir qu'ils recevoient de toutes parts, étoient comme les cordes d'une lyre qu'on a montée à l'uniſſon d'un pareil inſtrument, touché par un maître habile. Celle-ci ſous le mobile archet, reſonne, enſante des accords : l'autre par une correſpondance harmonique rend auſſi des ſons, & devient l'écho de celle qu'anime une main ſçavante. Bien-tôt entraînée par ma propre foibleſſe, & toute hors de moi, je m'abandonnai dans les bras de mon cher Eſclave, & je me ſentis preſſer par les ſiens. Nous tombons ſur un tas de fleurs, agréable Lice, où la plus fragile de toutes, ravie & donnée en même-tems, devient le prix d'un combat remplit de douceurs. Là le vainqueur & le vaincu ſe confondent, & conſpirent mutuellement à leur triomphe & à leur défaite. L'entrée du Sanctuaire étoit, où réſide le ſouverain plaiſir, eſt gardée par l'ombre de la douleur, comme la roſe eſt défendue par l'épine. Sunnion que ma docilité rend plus cruel encore, l'impitoyable Sunion ne respecte plus ma jeunesse, il brise les foibles barrieres qu'elle oppose à son courage bouillant. Il m'en coute, hélas! du sang & des larmes: douces larmes que boivent les Amours, précieuses & chéres blessures, d'où coule un fleuve de délices; Sunnion n'avoit rien d'imposteur: c'étoit Alcide sous les traits d'Hilas. Quatre fois j'expirai sous ses coups: quatre fois je le vis expirant lui-même renaître sur le bucher de ses cendres.

Nous étions dans cette amoureuse extase, dans cette molle & stupide langueur, où pour trop sentir on ne sent plus rien, où les Amans concentrés l'un dans l'autre sont comme dissous par le plaisir, où nos ames errantes, incertaines nous laissent dans l'oubli de nous-même, & dans une sorte d'anéantissement, quand l'indulgente Bouquetiere vint nous avertir que Praxille avoit congédié Lagus. Nous quittâmes à regret ce charmant réduit, le berceau de mille amours & de mille desirs. Sunnion en sortant fut apperçu de Praxille, & le désordre de ma parure acheva de lui faire comprendre ce qui s'étoit passé entre nous. Elle en exigea l'aveu de moi-même, afin d'y apporter le remede. Je crus avoir sur sa discrétion autant de droit qu'elle en avoit sur la mienne, & je lui contai tout. Elle me fit les re priman-des que ma jeunesse, & les circonſtances l'authoriſoient à me faire, & elle finit par me donner d'utiles avis, pour réparer autant qu'il étoit poſſible, l'atteinte que mes appas venoient de recevoir. Enſuite elle rajuſta mes cheveux, & après avoir fait le choix des couronnes que nous devions offrir à Vénus, nous reprîmes le chemin du Temple.

De retour au logis de Cynare, où j'étois attendue avec impatience, je ſçus me compoſer ſi bien qu'elle n'aperçut aucun changement en moi. Elle me remit entre les mains de Thérir, a qui, par certaines conſidérations, elle avoit enfin deſtiné les prémices de mes appas. Nous reſtâmes enfermés juſqu'à la nuit, dans une chambre consacrée aux libres mistéres de l'amour vénal, mais qui n'eût pas pour moi les mêmêmes charmes que le délicieux attelier de la Bouquetiere. Je pratiquai les leçons de Praxille, & je n'eus pas de peine à tromper l'amour impétueux de Théris, & la sécurité de Cynare. Aux amusemens de Venus on fit succéder ceux de la table, & Theris ne me quitta le lendemain plus fatiguée que satisfaite de sa personne.

Que ce Theris en effet étoit différent de mon brave Cretois ! figure agréable & trompeuse, il n'avoit que le masque d'un séxe dont il avoit usé sans moderation, aussi-tôt qu'il avoit pû le sentir. Theris, avant l'âge viril, avoit presque ceſſé d'être homme, pour s'être trop hâté de l'etre, & ſous les traits de la jeuneſſe avoit déja tous les ſymptômes d'une vieilleſſe anticipée. C'étoit un de ces mauvais ménagers, qui par une folle profuſion d'eux mêmes ont abuſé de la nature, comme d'autres font de la fortune, & qui avec un front couronné des riantes fleurs du Printems aportent dans le ſein des amours les glaces des languiſſans Hyvers: Cadavres embaumés, chez qui tout eſt mort, excepté le goût du plaiſir qui les fuit ſans ceſſe, & l'inutile déſir pere des regrets.

Deux jours après le vieux Thraſibule vint determiné comme un Argonaute, pour tenter une avanture aussi difficile pour lui que celle de la Toison d'Or. Ridicule à force de parure, il étoit aussi rempli de parfums qu'un Roy d'Egipte qu'on va mettre dans le tombeau de ses ayeux. Il s'étoit fait peindre les sourcils & la barbe : il avoit offert à Venus cent paires de pigeons, pour réussir dans la pénible entreprise qu'il avoit résolu de mettre à fin. Cynare voyant briller l'or, qu'il versoit libéralement pour acheter un bien idéal, qui n'étoit plus au pouvoir de la fortune, lui faisoit valoir mon extrême jeunesse. C'étoit, disoit-elle, une tour d'airain, que Thrasibule avoit à forcer : & elle ajoûtoit qu'il n'appartenoit qu'à Jupiter & à lui, de prendre une forme si capable de vaincre les plus grands obstacles. On le rendit maître de Danaé, & nous fûmes enfermés une partie du jour. Cynare eut soin de me donner des leçons, que Praxille & mon expérience avoient prévenues. Figurez-vous ma contenance entre les bras de mon vieux Tithon. Victime d'un amour mercenaire, il fallut souffrir tout ce que la luxure impuissante peut inspirer d'artifice & d'efforts, à la vûe de mille appas livrés à ses fureurs. Tous les miens étalés, sans voile à ses yeux épuisoient ses desirs en les irritant, & les faisoient sans cesse renaître pour son supllice & pour le mien. Autant ses transports brûlans me glaçoient, autant ma froideur l'enflammoit encore.

Mais tout ſon feu n'étoit qu'une ardeur de fiévre, qui ſemble ranimer le malade, & lui redonner de nouvelles forces: mais qui l'abbat bientôt & le plonge dans une foibleſſe pire que la premiere. Enfin j'eus pitié du bon homme, & trompant ſon amoureux délire, par l'idée d'une fauſſe victoire, qui ne coûta rien à mon indolence; il crut avoir fait tous les travaux d'Hercule. Si cette aventure ne m'amuſa guéres, je m'en divertis bien dans la ſuite. Je comparois Thraſibule à Théris, & le Vieillard de trente ans étoit à mon gré, le plus inſuportable des deux. La léthargie de Thraſibule étoit dans l'ordre naturel & je devois bien m'y attendre; mais quel état déſeſpérant que celui d'un homme qui promet tout, & qui ne peut rien : qui vous montre à chaque inſtant le plaiſir, & qui, comme un adroit faiſeur de preſtiges, vous l'eſcamotte à chaque inſtant; qui nous agite pour nous laiſſer conſumer notre agitation ſans effet: Qui ſans ceſſe allume des feux qu'il ne ſçauroit jamais éteindre, voilà Théris, & ma ſituation avec lui.

Dès le lendemain Pammès vint trouver Cynare, &me fit l'honneur de me faire entrer dans dans le plan d'une débauche qu'il vouloit faire le ſoir même avec un de ses amis. Il étoit déja si plein du vin de Méthimne, dont il promit de nous régaler, que je ne voyois point d'apparence à d'autre entreprise de sa part. Le vin sert quelquefois l'amour : mais il est aussi fort souvent son ennemi le plus déclaré. Après m'avoir ennyvrée de deux baisers, qu'il me donna pour gages de son impatience amoureuse, il sortit pour aller chercher son second, & revint bientôt avec lui. C'étoient deux jeunes gens que le vin, le goût de la débauche, & l'inutilité avoient liés depuis deux jours fort étroitement, & qui étoient inséparables, à ce qu'ils croyoient. Ils se connoissoient à peine, & s'appelloient déja Oreste & Pyl-de. Oreste (c'est Pammès) se souvint pourtant de faire jurer à Métrodore, qui dans la chaleur du vin pouvoit s'oublier, qu'il respecteroit sa maîtresse, ce fut le nom dont il m'honora. Vous sçavez qui étoit Pammès: Métrodore étoit un Aventurier, qui, sans état comme sans pays, subsistoit parmi les jeunes gens de Smyrne, à l'ombre de leur déréglement. Une débauche de table n'est pas sans doute un tableau fort intéressant : abrégeons-le pour changer de scéne.

A mesure que les fumées du Méthimne dérangeoient les idées de Pammès, il devenoit plus traitable sur mon compte, & déja Pylade abusant des droits de l'amitié, au mépris de la foi jurée à son compagnon, attentoit à des biens réservés pour lui; celui-ci occupé à louer son vin, ce qu'il faisoit avec beaucoup d'énergie en vuidant sa coupe, ne songeoit presque plus à moi; quand ses yeux troubles & distraits, ayant démêlé par hasard Métrodore panché sur moi d'une maniere libre, par un excès de générosité lui résigna ses droits sur ma personne, & m'invita à le traiter comme un autre lui-même. Je ne jugeai point à propos d'entrer dans une liaison si étroite, & l'Amant parasite fut obligé de céder à l'autorité de Cynare. Heureusement pendant notre altercation le Galant Pammès s'endormit, & ne

fut

fut point en état de faire exécuter ce que Métrodore appelloit très disertement, *les dernieres volontés de son ami*. Ce digne convive prit donc le parti de se venger de mes rebuts sur un flacon d'excellent vin, auquel il transporta ses caresses, jusqu'à ce que le soporatif fermant ses humides paupieres, eût réuni sa destinée à celle de son compagnon. Aussi-tôt que par des ronflemens redoublés, nous nous crûmes bien assûrées de la tranquillité de nos hôtes, nous leur abandonnâmes le champ de bataille, & nous allâmes nous reposer.

Je nageois dans ce délicieux cahos, où un léger assoupissement nous laisse goûter à longs traits le charme qui nous entraine dans les bras de Morphée, quand nous fûmes éveillées par un bruit affreux. Il venoit justement de la salle où nous comptions n'avoir laissé que deux cadavres incapables de troubler le repos du monde, & nous y courûmes avec de la lumiere. Jamais spectacle plus ridicule, & moins divertissant pour les interessés ne fut plus digne d'exciter en même-tems des ris & des larmes.

Pammès dans le délire orageux d'un songe agité par l'yvresse, s'imaginoit monter un Vaisseau battu d'une horrible tempête, & tout prêt de faire naufrage. Empressé d'ordonner la manœuvre, il précipitoit ses pas chancelans de la poupe à la proue (comme il s'exprimoit), c'est-à-dire, d'une extrémité de la salle à l'autre : & le vertige de sa tête en se communiquant à ses jambes sembloit imprimer au plancher un mouvement de rotation qui rendoit la bourasque complette. Les emportemens, les cris, & les juremens usités parmi les gens de Mer achevoient la scene. La derniere ressource des Matelots dans un cas pareil à celui que se représentoit notre Officier de Galeres, est de soulager le Navire, en jettant sa charge. L'actif somnambule dont notre présence ne pouvoit dissiper l'illusion, ne tarda pas à s'aviser de ce bel expédient, & montrant l'exemple à ſon compagnon qui compoſoit toute ſa Chiourme, il ſe mit à jetter par les fenêtres tout ce qu'il rencontroit de meubles & d'uſtenciles. Pendant toutes ces extravagances qu'il faiſoit de la meilleure foi du monde, *Métrodore* dont je remarquois bien la malice, feignoit les mêmes diſparates, & enchériſſoit encore ſur lui. Enfin à force de ſoulager le Vaiſſeau, ils eurent bien-tôt nettoyé la ſalle. Seules à la merci de ces forcenez nous eûmes peur qu'ils ne vouluſſent, pour éclaircir auſſi l'équipage, nous faire prendre le même chemin qu'aux meubles, & nous fîmes une prompte retraite. Tel fut le dénouement de cette agréable fête.

Bien-tôt le bruit courut dans la Ville que l'éleve de *Cynare* âgée de treize ans avoit fait ses premieres armes, & nos dupes ne manquerent point de s'en donner tous trois l'honneur. Notre porte en conséquence fut décorée pendant plusieurs jours de couronnes & de guirlandes de fleurs, & tous les Musiciens de Smyrne furent employés à célébrer ce glorieux exploit. Je contay dans la suite à *Cynare* mon avanture avec *Sunnion*. Elle essaya de me persuader que j'avois fait moi,même un marché de dupe, en gratifiant un simple esclave d'un bien dont j'avois frustré des amans utiles & d'une condition digne de mes charmes. Nous traitâmes alors la queſtion agitée chez Theodote à Athenes, ſçavoir quel eſt l'inſtancé le plus délicieux, ou celui qui nous fait goûter pour la premiere fois le plaiſir, ou celui qui dans l'habitude même du plaiſir nous unit au premier objet qui nous a veritablement touchées. On ſupoſe que nous n'aimons qu'une fois : qu'une véritable inclination épuiſe cette ſenſibilité de l'ame qui ne dépend jamais de nous ; qu'après cela toute la paſſion que nous croyons ſentir, n'eſt plus dans le cœur : que c'eſt uniquement le goût du plaiſir, goût libre, & qui n'eſt non plus l'amour que l'appetit n'eſt abſolument beſoin.

La qualité de nos amans

fait ſouvent toute notre réputation. Pour moi je n'eus qu'à me montrer pour établir ou confirmer la mienne. On me nomma *la Vénus de Smyrne*, & notre logis fut plus fréquenté que le Temple de la Déeſſe. Les Poëtes remplirent leurs vers de mon nom, & le firent voler par toute la Grece. Que de combats nocturnes donnez pour moi ! que de fois nos portes furent enfoncées par une pétulante jeuneſſe empreſſée de m'offrir ſes vœux & ſon or. Je faiſois couler ce divin métal dans les avides mains de *Cynare*, comme il roule dans les flots de *l'Hermus*. Il ſeroit trop long de vous raconter toutes mes aventures : je veux me borner à celles qui peuvent servir à votre instruction ; & comme les Poëtes ont fait dans l'Histoire des Héroïnes de l'antiquité, je choisirai trois ou quatre incidens de ma vie pour vous laisser un fidel portrait de mon génie & de ma personne.

Il en est de la galanterie dans les femmes comme de la bravoure dans les hommes : c'est la voye la plus sure pour se faire un nom, & parvenir à l'immortalité. Toute l'antiquité ne nous entretient que des Héros qui ont été la terreur du monde, & des Belles qui en ont été les délices.

La beauté n'est donc pas faite pour être obscure, ni pour se fixer solitairement aux regards dedaigneux d'un ſeul homme à qui la poſſeſſion rend tout inſipide. Une belle eſt dans la ſociété un ornement placé, comme le ſoleil, pour récréer par ſon éclat, ou pour échaufer tout ce qui l'environne. Une jolie femme doit regarder tous les hommes comme ſa conquête, & notre métier à nous eſt de vivre avec eux comme en pays ennemi. Née dans la plus vile condition avec quelques charmes, & beaucoup de diſpoſition pour les faire valoir, j'ai compris de bonne heure que ces avantages m'avoient été donnez par la Nature, comme un dédommagement de la fortune, & j'ai bien ſçu celle-ci corriger. Un peu de figure, aſſés d'art, &

plus de conduitte encore que d'ambition, il n'en faut pas davantage pour se faire une condition des plus agréables. J'avoue qu'on est quelquefois en butte aux contradictions même des deux sexes : mais à quoi dans le fond se réduisent elles!

Les femmes en général ou nous plaignent, ou sont déchaînées contre notre espece. Celles qui marque le plus d'acharnement contre nous le font par un intérêt caché, ou par pure envie, le plus souvent par ces deux motifs. Elles ont en effet beaucoup d'interêt à s'élever contre les plaisirs faciles, puisqu'ils leur dérobent bien des amans : & puis elle se vengent par la de la triste régularité dont elles portent impatiemment le poids. Il faut bien qu'elles s'en prennent à nous de leur indigence. Ce sont des Ciniques affamés qui crient contre la bonne chere,

Celle qu'une vie moins austere rend plus commodes, nous regardent seulement en pitié & nous plaignent d'être incapables de leurs plaisirs. Elles prétendent que les sens tout seuls n'en goutent que de bien imparfaits: elles veulent que le cœur soit de la partie: elles s'imaginent bien d'ailleurs que l'habitude émousse le sentiment. En cela pourtant, comme en mille choses, l'expérience est pour & contre. Un peu moins de sensibilité n'ôte pas le goût du plaisir, & fait ſûrement notre bonheur. Elle ne nous laiſſe qu'une volupté plus ſolide, & nous épargne autant de peines qu'elle ſemble nous dérober d'agrémens. Si l'Amour n'aſſaiſonne pas nos plaiſirs, nous ſommes bien dédommagées de la vivacité qui leur manque par le calme heureux de nos ſens, & ce que nous perdons de leur pointe, eſt compenſé par l'abondance. La Nature au ſurplus ne perd pas ſes droits, & le temperament ſans doute à les ſiens. J'ai fait cette obſervation ſur moi-même : Plus je me ſuis détaché des hommes, plus j'ai pris de goût pour mon métier; & quand je ſuis parvenue à n'aimer plus rien, ce que je diſſipois en tendreſſe, à tourné au profit de ma complexion.

Les hommes plus indulgens pour nous, parce qu'ils nous font ce que nous sommes, nous plaignent plus qu'ils ne nous maltraitent; du moins ils se contentent de nous mépriser, & que souvent ces mépris sont rachetez cher! voulez vous voir comme ces ingrats se représentent notre condition. Nous sommes, à ce qu'ils prétendent, des victimes dévouées à la brutalité, au caprice, & à la tirannie de leur sexe. Un Amant qui paye achete le droit de nous faire sentir ses dédains même au milieu de ses caresses, de mêler les rébuts aux désirs, l'outrage à la plus ardente passion. La débauche, ou le besoin l'amene, & il ne nous quitte gueres ſans repentir. Il ſçait qu'il fait ſeul tous les frais d'un plaiſir que nous partageons rarement : il ſort d'entre nos bras comme il ſort de table, raſſaſié de nos faveurs, & prêt à fouler aux piéds un mets inſipide qui en lui ôtant tout au plus ſa faim, à fait ſucceder le dégoût.

Je m'écrierois ici volontiers comme le Lion des Fables, en voyant la peinture d'un de ſes ſemblables qu'un homme tenoît abatu ſous lui : *O ſi nous autres nous ſçavions peindre...* que nous humilirions nos tirans ! les pauvres dupes nous regardent comme les vils objets de leur paſſe-temps, & ne voyent pas qu'ils ſont eux-mêmes les miniſtres de nos beſoins ou de nos plaiſirs. S'ils nous croyent dignes de leurs mépris ; ils méritent bien autant les nôtres : & n'en ſommes nous pas vengées par le ridicule tribut que vient nous payer tous les jours ou leur foibleſſe ou leur folie. S'ils nous montrent de la répugnance, nous leur rendons bien dégoût pour dégoût, ils doivent s'en apercevoir. Nous ne leur abandonnons ſouvent qu'une ſtatue, & tandis qu'enflammez par leurs propres déſirs, ils ſe conſument ſur des appas inſenſibles, notre tranquille froideur jouit à loiſir de toute leur ſenſibilité. C'eſt dans ce moment qui égale le plus fier ſatrape au dernier Citoyen de la République que nous reprenons ſur eux tous nos droits. Une petite chaleur de ſang renverſe à nos pieds ces ſuperbes, & nous rend maîtreſſes de leur ſort. Un ſouris confond leur orgueil : un ſoupir égare leur raiſon: un mot leur ôte le ſentiment. Or de quel côté, je vous prie , eſt donc l'aventage ? Quel eſt l'homme , & quel eſt le Lion ! jugez par cette petite courſe faite en paſſant ſur l'ennemi, juſqu'ou nous pourrions le pouſſer. Mais tous les hommes ne ſont pas auſſi injuſtes à notre égard. Tournez le tableau, vous verrez le ſage établiſſement *de Solon* dans un autre jour.

Là , diſent nos graves partiſans , l'homme le plus indécis ou le plus volage peut donner

ner carriere à ſon inconſtance : Tous ſes goûts ſont ſatisfaits ſucceſſivement. Attraits précoces, beautés meuries par l'expérience ou par les années, blondes attendriſſantes, amuſantes brunes ; les objets paſſagers des libres amours, dans les arſenaux de Vénus, ſont auſſi variés que les caprices humains. Les voulez-vous parées comme Junon, ou dans le déſabillé des Graces ? On prend à votre gré ces différentes formes. Il ne faut ni ſtratagême, ni violence pour s'introduire chez ces belles. Leur maiſon ennemie de la ſolitude, n'eſt fermée qu'à l'indigence ou à l'avarice. Vous êtes ſûr en tout tems d'être bien reçu : on vous prévient même, on fait les avances, & on vous rend avec profusion les soins & les agaceries que vous perdez si souvent chez les autres femmes. Point de rendez-vous incommodes: point d'époux, de méres, ou de surveillans qui vous obsédent & qui vous génent. Tout vous rit, tout tend les bras: Votre maîtresse vous attend pour se donner à vous sans réserve, & tous vos momens sont les siens. Vous n'avez point à ménager ces bizarres accès de foiblesse, ces capricieux retours de fragilité qu'on vous met ailleurs à si haut prix: tout heure est celle du Berger. Il n'est point question d'éviter ces délicats momens de surprise qui sont punis par certaines femmes aussi sévérement que l'indiſcretion : Ici vous n'avez jamais mal pris votre tems. On ne vous fait point eſſuyer ni ces politiques longueurs qui dans une *affaire* réglée prennent le nom d'épreuves, ni ces fatiguans préliminaires, qu'une femme d'un ordre un peu différent donne toujours à la dignité du ſacrifice qu'elle vous ſurfait, ou à l'intérêt de ſes charmes dont elle veut aſſûrer le pouvoir. On n'avance pas pour reculer : on ne fuit point pour vous donner la peine de courir, & vous faire arracher des faveurs qu'on brûle de vous accorder. L'artifice des ſentimens, & le myſtére ſont inconnus. On peut vous farder le viſage : mais vous n'êtes jamais la dupe du cœur. Petits ſoins, aſſiduités, fadeurs, mélange ennuyeux qui filez les jours des frivoles amans, vous n'êtes d'aucun uſage à Corinthe. Réfroidiſſemens, dépits, procédés, ruptures, explications, raccommodemens, conſumez les jours de l'oiſive & folle jeuneſſe : mais n'occupez jamais des hommes preſſés de vivre. De ſi courts plaiſirs achetés au prix d'un tems qui fuit ſans retour, coûtent toujours trop. Ici paroiſſez, choiſiſſez : votre conquête eſt faite, la victime eſt prête, & le plus léger deſir eſt à peine l'intervalle de votre bonheur. Voilà l'idée qu'ont eue de nous des hommes, à mon ſens, un peu plus raiſonnables que les autres.

Mais avons-nous besoins de ces apologies ? Si toujours un sexe est l'excuse de l'autre, le goût des hommes parle assez pour nous : reposons-nous sur leurs foiblesses du soin de nous justifier. Vous sçavez l'inscription qu'un fameux Cynique vouloit qu'on mit au bas d'une Statue d'or que Phryné fit porter au temple de Delphes. Elle faisoit considérer ce riche présent moins comme un don religieux de l'aimable Athénienne que comme un monument public de l'incontinence des Grecs. C'étoient eux qui proprement faisoient cette offrande par les mains de la Courtisane. Nous sommes la statue de Phryné, au métal près dont la fortune fait entre-nous la différence, & les hommes qui font à coup sûr les frais de la matiére & de la façon, ne justifient que trop leur ouvrage.

Ce petit chapitre sur notre profession m'a un peu écartée, je reprends mon histoire.

Vous n'imagineriez jamais que mon aventure avec Sunnion, ce Crétois que je vous ai peint si charmant, se fut terminée à notre entre-vûe chez Vappa. Les plaisirs dont j'y fis l'essai furent un vif aiguillon pour tous ceux qui vinrent s'offrir, *& Sunnion* à qui j'en devois l'aimable expérience, fut effacé de mon esprit, comme un songe. Je ne connûs les délices dont j'étois capable, que pour payer d'un parfait oubli l'instrument de cette connoissſance. Quand je voulus quelques jours après examiner mon cœur, je n'y trouvai plus aucune trace de l'inclination que j'y cherchois : l'image de la volupté, le goût du plaiſir le rempliſſoient ſeuls; c'étoit le plaiſir qui m'avoit ſéduite ſous la figure de *Sunnion*, & ce que j'avois pris pour amour n'étoit que le *beſoin d-aimer*. Qu'avec un cœur comme celui-là je devois être heureuſe ! Hélas ! le moment n'étoit pas venu. Vous m'allezvoir expier mon ingratitude par des foibleſſes dont je rougis encore, mais dont nous ne ſommes pas plus exemtes que les femmes qui ſervent lAmour pour lui-même.

Mycile fils d'un riche Marchand de Byzance, & à l'âge

de ving-trois ans maître d'un patrimoine immenſe, vint pour ſon malheur & le mien à Smyrne. Il étoit bien fait, & d'une figure à pouvoir ſe paſſer de tant de fortune. C'étoit la curioſité de voir la plus belle ville de l'Ionie qui l'avoit conduit à Smyrne, & quelques affaires de commerce ſervoient de prétexte au voyage. Auſſi-tôt que le jeune Bizantin eut pris langue, il ſuivit l'uſage des Etrangers : il ne manqua pas de ſe mettre entre les mains de ces complaiſans d'office, qui ſont empreſſés à les recueillir, & qui s'emparent des nouveaux venus, pour faire aux dépens de leur bourſe les honneurs de toute une ville, c'eſt-à-dire, pour être leurs guides ou leurs corrupteurs.

Corrupteurs. Bien-tôt il me fut amené par un de ces Aventuriers, & d'abord il prit un goût étonnant pour moi. Micile, comme tous les jeunes gens qui dispensés d'être les Artisans de leur fortune, n'ont qu'à jouir des biens dont un pere avare semble s'être exprès refusé l'usage pour faire d'illustres dissipateurs, Micile avoit déja par lui-même les plus heureuses dispositions pour la dépense & pour le faste. Dès-le lendemain le Marchand de pourpre, celui de bijoux & de pierreries, en un mot tous les Ouvriers qui servent à la parure & au luxe furent à ses ordres. Deux jours après on m'annonça sa visite, & il fit préceder sa marche par des présens dignes d'honorer la magnificence d'un Souverain. Les Guerriers ſubalternes & les vulgaires Amans peuvent ſe morfondre aux piéds des Belles, & devant les places. Les enfans de Mars & ceux de Plutus bruſquent leurs conquêtes. Mycile à la troiſiéme entrevûe déclara que j'étois à lui. Tous les Amans qui m'environnoient reſpectérent ſon opulence & ſes profuſions : on lui abandonna ma perſonne : il en prit poſſeſſion dans les formes, & notre union devenue publique fut célébrée avec un éclat extraordinaire. J'avois paſſé ſi rapidement d'une fortune aſſez médiocre à l'état le plus brillant où jamais ſe ſoit vûe Lais ou Phryné, que je n'avois pas eu le tems de faire aucun retour ſur moi-même. Tous les jours étoient des jours de fête, & les plaiſirs qui ſe ſuccédoient ſans relâche, ne me laiſſoient pas même d'intervalle pour former le moindre deſir ; comment aurois-je fait des réfléxions ? deux mois s'écoulérent comme deux jours dans ce vertige de fortune. Revenue de mon premier étourdiſſement, je voulus me demander compte de mes ſentimens pour Mycile. Je croyois l'aimer, & je me trouvai le cœur encore plus vuide qu'auparavant. Je commençai même à m'appercevoir de ma ſolitude. Je regrettois cette foule d'Amans, qui venoient payer chaque jour à mes charmes un nouveau tribut. Je m'imaginois être dans les chaînes de ce bizarre engagement, où la néceſſité de s'aimer (je veux dire, de vivre enſemble comme ſi on s'aimoit) produit néceſſairement le contraire. En effet avant que Mycile ſe fût approprié ma perſonne, avant qu'il fût venu déranger un genre de vie dont la liberté fait toute la douceur, je ne connoiſſois point l'ennui. Les petites viciſſitudes attachées à notre condition, me faiſoient mieux ſentir le prix d'un beau jour. Je jouiſſois avec plus de goût du bien qui s'offroit. Auſſitôt qu'une heureuſe abondance, mais dont le ſentiment n'étoit réveillé par aucune alternative, ne me laiſſa plus rien à deſirer; je n'eus plus de plaiſirs. Ceux de la bonne chére, & ceux que le luxe inventa pour notre inutilité, les jeux, les fêtes, tout m'ennuyoit, tout m'étoit devenu inſipide. J'étois dans l'état le plus fortuné où mon ambition pût ſe porter. Mais je trouvois ce bonheur bien triſte, quand je venois à conſidérer qu'il ne tenoit qu'à un ſeul homme à qui j'avois tout ſacrifié. Eh! Pouvois-je être dédommagée par la frivole ſatisfaction d'éblouir les yeux jaloux de mille Rivales, en un mot par le ſeul plaiſir du ſpectacle, de tous ceux que j'avois perdus. C'eſt peut-être le plus touchant pour la vanité d'une femme. Mais le bonheur d'être enviée ne remplit pas le cœur: & l'Amour propre à beau nous l'exagérer, je ne ſçai rien de ſi faux qu'un bien qui dépend de l'opinion d'autrui. C'eſt ainſi qu'au milieu des délices, & dans le ſein de l'opulence l'invincible goût de la liberté m'arrachoit encore des ſoupirs.

Pour le tendre & ſomptueux Mycile, ſon attachement & ſes profuſions n'avoient plus de bornes. On eût dit qu'il n'étoit occupé qu'à ſe ſurfaire ma poſſeſſion, & que plus il acquéroit de droits ſur ma perſonne, plus j'augmentois de prix à ſes yeux. Ah! ſi j'avois ſçu du moins profiter de ſon aveuglement & de mon bonheur! il ſe ruinoit par une foibleſſe ſupérieure à tous ſes raiſonnemens, & moi plus inconſidérée encore que lui, j'aidois ſans réflexion, ſans aucun deſſein à précipiter ſa ruine. Je ne voyois que le préſent: ma vûe n'alloit jamais au-delà, & je diſputois de diſſipation avec lui. Je répandois avec la même fureur ce qu'une main prodigue verſoit dans la mienne, & tous deux nous aurions tari un fleuve d'or. Un an d'yvreſſe & d'enchantement mit fin au plus beau ſonge du monde. Mycile étoit enfin parvenu à conſommer juſqu'à la derniére dragme. Plus ſon pére avoit pris de ſoin pour rendre ſa fortune ſolide, plus il ſembloit s'être appliqué à ſa deſtruction. C'étoit comme un Edifice bien cimenté, qu'on ſappe par les fondemens, & qui, rapide dans ſa chute, s'écroule à la fois de tous les côtés. Engagemens, aliénations, emprunts usuraires, toutes les voyes, tous les moyens de ruine que le luxe, la prodigalité, la débauche, & la mauvaise administration peut être encore plus dangereuse employérent jamais pour engloutir les plus riches patrimoines, avoient été mis en usage; Mycile avoit épuisé toutes les ressources. Dans cette affreuse extrêmité il s'attendoit au sort de tous ses semblables, c'est-à-dire, à être congédié. Peut-être aurois-je dû le faire, & n'y avoit-il point tant d'injustice au moins dans les maximes du monde. Mais je n'en eus pas même la pensée. Eh! comment payer tant d'amour d'une pareille ingratitude ! Mycile ne regrettoit sa fortune, que parcequ'il n'avoit plus rien à me donner : il m'en auroit sacrifié mille comme la premiére. Sa propre misére ne le touchoit point ; il ne sentoit dans son malheur que celui de ma perte qui lui paroissoit inévitable, & c'étoit pour lui le plus grand de tous. Ce n'est pas là ce qu'il me disoit : Qui n'en auroit pû dire autant ? C'est ce que je lisois au fond de son ame, c'est ce que je voyois clairement moi-même dans un cœur trop bien éprouvé pour me méprendre à ses mouvemens. Et dans quel tems encore alloit-il me perdre ? Lorsqu'il ne pouvoit plus vivre sans moi, & qu'il avoit lieu de se croire aimé. Ce que je ſentois alors pour lui, n'étoit pourtant point encore de l'amour. C'étoient tantôt la reconnoiſſance & l'eſtime enſemble : tantôt c'étoit la ſeule pitié. Quand je vis qu'il méditoit ſa retraite, je crûs lui devoir à mon tour le ſacrifice de ſes propres dépouilles. Je vendis pour le ſoutenir au moins quelque tems, meubles, pierreries, bijoux, tout ce qui me reſtoit des débris de notre fortune. Je fis même équiper un Vaiſſeau pour tâcher de la rétablir. Il périt malheureuſement, & cette perte me réduiſit moi-même à la derniere indigence. Ce fut alors que ma propre miſére m'attendrit encore plus ſur la ſienne. Je me ſentis attachée à lui par des liens plus forts que ceux de la ſimple pitié : elle s'étoit changée en amour, & que je l'aimois ſans le ſçavoir ! Mais comme avec les plus beaux feux du monde on ne vit point de ſentimens, il fallut chercher les moyens de donner aux notres une ſubſiſtance plus ſolide. J'avois ma reſſource toute prête, & c'étoit juſtement ce qui déſeſpéroit le pauvre Mycile. Si l'idée du moindre partage étoit pour lui un coup de poignard, comment ſoutenir la vûe de mille Rivaux ? La néceſſité m'obligea de vaincre ſes répugnances & les miennes : je repris mon rang dans la ſociété, & dès qu'on me vit reparoître les Amours effarouchés revinrent au nid. Mais s'il ſe préſentoit quatre Amans, l'ombre de Mycile en écartois trois. Il s'apperçut bientôt du tort que ses assiduités me faisoient, & que je m'éforçois de lui cacher. Il prit une résolution généreuse, & dont il étoit seul capable. Ce fut de sacrifier son amour, l'unique bien qui lui restoit, & qui ne dépendoit plus du sort, au bien de mes affaires & à mon repos. Que de combats, quels déchiremens il dut éprouver avant, de se résoudre à ce sacrifice! Je juge de son cœur par le mien, & je sçai ce que me coûta notre séparation. Mais l'infortuné! quel tems il prit pour exécuter son cruel dessein! hélas! il ne tenoit qu'à lui d'être heureux. Il étoit sincérement aimé: je ressentois plus de satisfaction à lui rendre une partie de ses biens-faits, que je n'en avois eue à les recevoir: c'étoit pour mon cœur un plaisir touchant, qui me le rendoit tous les jours plus cher. Son mauvais destin en me l'arrachant vint mettre le comble à son malheur. Il s'embarqua sécrettement pour Alexandrie, où j'ai sçu depuis qu'il fut obligé de se mettre au service d'un ancien Facteur de son pére. Que devins-je, ô Dieux! quand j'appris le départ ou plûtôt la fuite de mon Amant! Quelle fut ma douleur, & ma rage! Je l'appellai cent fois barbare: je le chargeai de tous les noms odieux qu'on donne aux perfides: je voulus, dans mon désespoir courir après le fugitif, & je me disposois à monter dans le premier Vaisseau qui léveroit l'ancre, quand l'Amour pour m'enchainer à Smyrne détruisit mes projets par une diversion qui fit échouer toute ma constance.

L'avare & riche Palestre, vielle courtisane, que nous appellions l'*Epoque* par excellence, étoit folle d'un jeune Lesbien dont la bonne mine étoit tout le patrimoine. Ajax (c'est le nom que se donnoit cet Aventurier) étoit venu, comme bien d'autres, chercher à Smyrne une fortune qu'on trouve partout, quand on est heureux, & qui nous fuit partout, quand c'est notre destinée. L'Ajax de Lesbos avoit véritablement la taille héroique, c'est-à-dire, très-aventageuse. Pour l'air & les traits du visage, c'étoit comme on en voit si communément, de ces figures de fantaisie qui plaisent ou déplaisent, selon les gens, & l'intérêt qu'on prend à leur mérite. Palestre en fit la connoissauce à la promenade du Portique: elle en devint éperdument amoureuse, & ayant appris qu'il étoit un peu embarrassé de sa contenance, elle lui fit proposer de vivre avec elle. Ajax qui ne tenoit à rien, accepta ses offres. L'intérêt le fit passer sur tous les dégoûts que Palestre ajoûtoit à ceux de la vieillesse. Car outre la laideur dont la Nature l'avoit libéralement pourvûe, elle étoit d'une extrême malpropreté. Cette négligence que les deux Sexes ne se pardonnent point l'un à l'autre est inséparable de la lezine, & sa plus fidéle compagne. Je crois aussi que l'avarice suffit par elle-même pour enlaidir. Palestre l'avoit toute sa vie portée à l'excès ; mais l'Amour qui sçait amolir l'airain, força ses mains de fer à s'ouvrir pour un autre interêt que pour la rapine. Elle fit voir le jour à des monceaux d'or & d'argent presque aussi vieux qu'elle, & le noble fils de Telamon, sçut en faire un meilleur usage. On ne parloit que de l'Amant de Palestre, & on disoit publiquement que la Doyenne de Cythére ne faisoit que restituer à l'Amour les larcins

cins qu'elle avoit faits à Vénus. Nous nous vîmes Ajax & moi dans une fête que donnoit Cléïdie le jour de ſa naiſſance. Il me parut très propre à me conſoler de Mycile, & de mon côté je lui plus beaucoup. Nos yeux ſe dirent en peu de tems une infinité de choſes qu'il fallut s'expliquer. Nous cherchions le moment d'être ſeuls, & quand on eſt deux à chercher ces momens ſi chers, on ne tarde pas à les trouver. Ajax n'eut pas de peine à me perſuader que j'allois lui rendre Paleſtre encore plus inſuportable: nous prîmes des meſures pour lui cacher un attachement dont elle alloit augmenter les charmes, & mille baiſers furent le gage d'un amour qui dès ſa naiſſance fit les plus rapides progrès. Depuis ce jour nous n'en paſſions aucuns ſans nous voir, & nous nous quittions toujours plus épris, toujours plus enchantés l'un de l'autre. La derniere fois qu'on s'étoit vû, étoit encore un nouvel attrait pour ſe revoir avec plus de goût.

Vous devez être un peu ſurpris de la facilité avec laquelle j'aubliai Mycile, & je m'enflammai pour Ajax. Je ne l'ai jamais bien compris moi-même. Je pourrois la rejetter ſur ces ſympathies dont on nous conte tant de merveilles, ou la donner pour un de ces grands coups de théatre, dont ſont remplies toutes nos Hiſtoires galantes : mais je crois qu'il ſaut l'expliquer par les ſeuls reſſorts naturels. Mycile avoit fait naître l'amour dans un cœur où la volupté avoit toujours uſurpé ſa place. Comme une maſſe de cire qu'un Artiſant amolit à force de la manier, & qu'il rend propre á recevoir toutes ſortes d'empreintes, mon cœur amené peu à peu à ce dégré de ſenſibilité qui nous rend ſi foibles, étoit ſans défenſe, ou n'étoit défendu que par l'idée de Mycile. Cet Amant me réduit à pleurer ſa perte : il fuit, il trompe mon amour : Un autre objet vient lui ſervir d'aliment ; il entre dans un cœur ouvert à toutes les impreſſions tendres : Mycile, Ajax ſe confondent : mon cœur ne les diſtingue plus. Il n'a point changé pour Mycile ; c'eſt tout au plus une autre image qui le trouve diſpoſé à la recevoir & qui s'imprime ſur la premiére. Voilà, la coquetterie platrée bien ou mal : eſſayons de ſauver l'inconſtance.

J'ai connu un Curieux de tableaux qui avoit voué toute ſa paſſion aux ſeuls ouvrages d'Euphranor. Un morceau de Parrhaſius le détacha de ce premier Maître, & le fixa quelque tems pour le rival de Zeuxis. Enfin un tableau de Timante dont notre amateur fut épris, le rendit encore infidéle au graces du pinceau de Parrhaſius. Accuſerez-vous de légéreté un homme dont le goût ſi conſtant pour un Art qui faiſoit ſes délices, ne faiſoit que changer de genre, & qui fidéle à sa passion se laissoit entrainer seulement par celui qui le séduisoit le dernier. Ceux à qui le nom d'inconstans se donne aujourd'hui parmi les deux Sexes, le sont à la maniere de ce curieux. Mais n'authorisons point l'inconstance: nous avons peut-être plus d'intérêt à la décrier que les hommes, & il vaut mieux en être coupable que de chercher à lui prêter des couleurs. Je reviens sans cérémonie, comme on fait après un écart Poëtique.

Palestre étoit trop clairvoyante pour être long-tems à s'appercevoir de notre liaison. Mais rassurée par le besoin qu'Ajax avoit d'elle, & par l'indigence où je me trouvois, elle n'en fut point fort allarmée, & ſe contenta d'éclairer toutes nos démarches. Cet aſſaiſonnement qui manquoit aux douceurs de notre intelligence, leur donna une nouvelle pointe. Une Rivale à tromper preſque ſous ſes yeux, un objet odieux à ſacrifier; quel attrait pour des Amans bien unis! Paleſtre en nous gênant un peu ne fit donc qu'attiſer le feu qu'elle vouloit éteindre, & j'éprouvai pour la premiere fois de ma vie ce délicieux ſentiment, ce concert des cœurs qu'on appelle *Amour pour Amour*.

Que cet état eſt différent de tous ceux par où j'avois paſſé juſqu'alors, & que je connoiſſois peu les délices réſervées aux véritables Amans! Si mes ſens n'avoient que trop goûté toutes celles dont ils ſont capables, ils ne m'avoient rien fait éprouver au de-là du voluptueux inſtant qui commence & finit leur félicité. Mais que de reſſources pour ceux qui s'aiment ! Que de plaiſirs précedent encore, & ſuivent le dernier plaiſir ! Ah ! quand la ſource en eſt dans le cœur, celui-ci nous égale aux Dieux. Nour ſortons dans ce moment de nous mêmes : nos ames en s'attirant ſemblent s'épancher, & s'écouler par tous nos ſens : elles s'exhalent comme une douce eſſence, & nous en conſervons le goût. Delà ce charme inexprimable attaché pour les ſeuls Amans à mille choſes qui ne touchent qu'eux. Le nom de l'objet cheri, l'ombre de ses pas, l'air qu'il respire, tout à pour eux un sentiment particulier qu'on pouroit mettre parmi les vertus occultes. On diroit qu'ils ont d'autres sens, ou un sens de plus que les autres hommes. L'Amour leur détrempe de son nectar les plus insipides objets, & verse une infinité de douceurs, sur toutes les circonstances de la vie. Eloigné de ce qu'on aime, on le voit partout, on ne voit que lui: son image nous remplit, nous occupe, & nourrit délicieusement nos désirs. D'agréables reveries nous rendent les plaisirs que nous avons goutez, & nous font anticiper ceux qui nous attendent.

Quoique Palestre de jour en

en jour parût plus entêtée d'Ajax, elle auroit pû par économie s'accommoder d'une rivale, si l'inégalité du partage n'éut reveillé sa jalousie. Elle crût dans le commencement que pour me l'enlever, il ne s'agissoit avec lui que du plus ou du moins, & elle alla presque jusqu'à la profusion.

Mais quand elle vit que ce moyen, loin de réussir, tournoit encore à mon avantage, son expérience lui suggera cet abominable expédient. Elle mit à prix les complaisances d'Ajax, évalua par conséquent toutes sés libéralités, & sçut les taxer de façon qu'il étoit obligé de les acheter aux dépens de mes plus chers interêts. Je frémis en apprenant ces dures conditions : mais il fallut en passer par-là. J'étois d'autant moins en état de dédommager mon Amant, qu'il m'en avoit lui-même ôté le pouvoir. Ses assiduités avoient fait fuir pour la seconde fois l'essein des amours quipourvoyoient à mes besoins, & mon extrême attachement m'empêchoit de faire un pas pour les rapeller. Je ne pouvois plus regarder qu'Ajax : tout ce qui se présentoit sous le nom d'Amant m'éroit odieux. L'Amour, dit la docte Telesille, est souvent une passion solitaire qui se tourne en misantropie pour tous lesobjets étrangers au sien. Autant javois de répugnance à céder mes droits sur Ajax, autant j'eus de peine à le résoudre lui même au ſacriſice qu'exigeoit Paleſtre. Mais nous n'avions que cette reſſource : Paleſtre le mettoit à portée de me donner des ſecouas dont je ne pouvois plus me paſſer ; j'étois réduite par le ſort, ou plutôt par un Amour imprudent à ne pouvoir ſubſiſter que par ſes bienfaits. Le beſoin le plus preſſent l'emporta : j'abandonai toutes mes prétentions à mon avide rivale, & elle fut bien s'en prévaloir La vielle Propetide! en quel état elle me renvoyoit mon Amant ! il m'aportoit avec l'odeur de ſes ſales embraſſemens les pâles étincelles d'un feu qu'il ne pouvoit plus rallumer, pour avoir été forcé de l'éteindre dans les bras de la laideur même, & parmi les glaces de la vielleſſe. Mais dans cet état qu'il m'étoit cher encore ! ſi je n'en pouvois rien exiger , j'avois du moins la conſolation de penſer que le bien dont il me privoit malgré lui, il ne le diſſipoit ailleurs que pour me procurer le plus néceſſaire. Ainſi ce qu'il m'ôtoit avec tant de peine, étoit pure généroſité de ſa part : il falloit lui tenir compte de mes propres pertes. J'étois bien ſûre que Paleſtre ne poſſedoit que la figure : toutes les intentions étoient ſans doute pour moi: foible compenſation pour tant de la réalité pour une femme dont la jeuneſſe demandoit un peu plus que des intentions. Après tout quand je me repréſentois les mauvais momens que mon ſeul interêt lui faiſoit paſſer, je la plaignois bien plus que moi; je ne ſouffrois que de mes beſoins, & lui devoré des mêmes déſirs étoit encore accablé d'un amour qui faiſoit continuellement ſon ſupplice. Toute cruelle qu'étoit cette ſituation, la neceſſité plus cruelle encore nous l'auroit fait ſuporter au moins quelque temps: Mais on ſe voyoit tous les jours, & cette vue en nous rapellant ſans ceſſe toutes les douceurs que nous perdions, irritoit de plus en plus notre déſespoir. Ajax étoit languiſſant comme un arbriſſeau qu'on a tranſplanté ſous un ciel, ou dans un terroir ennemi: je ſechois comme une plante à qui le tranchant du fer à ôté les ſources de la vie en la ſéparant de ſa racine. L'Amour inſenſiblement devint le plus fort, & fit taire tout autre interêt. Ajax fut moins complaiſant pour Paleſtre, & ſes bienfaits diminuerent à proportion. Tous les jours il lui retranchoit quelque choſe, & chaque jour auſſi je me reſſentois du retranchement qu'elle étoit exacte à lui faire. Je profitois véritablement d'un autre côté ; mais c'étoit toujours au prix de quelque ſacrifice, dont l'incommodité ſe faiſoit ſentir. Une alternative auſſi ſinguliere ne pouvoit pas durer long-tems, & Paleſtre la termina tout d'un coup. Elle ſe laſſa de n'avoir plus à ſon tour que ce que je voulois bien lui laisser, & l'avarice enfin reprenant l'empire qu'elle avoit toujours eu sur toutes ses passions, lui ouvrit les yeux sur les brêches énormes qû'Ajax avoit faites à son coffre-fort. Elle le congédia brusquement: il vint se jetter dans mes bras plus amoureux que jamais, & fort indigent. C'étoit l'amour tout nud que je recueillois. Nous crûmes avoir rompu les fers les plus insuportables du monde, & detestant les dons de Palestre, dont il falloit bien nous passer, nous nous fîmes un plan de vie charmant, si l'amour pouvoit suppléer à toutes les infirmitez de notre condition. La misere nous parut douce au commencement. Nous partagions un morceau de pain avec la plus ſenſible ſatisfaction. Rien n'égaloit le plaiſir que nous reſſentions à nous faire ſur nos plus preſſans beſoins de petits ſacrifices l'un à l'autre : l'amour nous tenoit lieu de tout. Un état ſi heureux pouvoit il être durable ? Nous le penſions follement, & nous ignorions que l'Amour enfant de l'abondance s'éteint bien-tôt par la miſere. Peu de temps après notre réunion l'affreuſe néceſſité nous fit bien ſentir le vuide de ce tendre Héroïſme qui n'eſt bon que dans nos Mileſienes. Je me vis forcée de rendre au Public un ſujet qu'une imbecille paſſion lui avoit dérobé trop long-temps, & je fis toutes les avances, comme il étoit juste de les faire. Heureusement elles ne furent point perdues. Le Public n'est point irréconciliable : il me pardonna toutes les infidélités que je lui avois faites, & j'eus pour lui la grace de la nouveauté. Là multiplicité des amans ramena chez moi l'abondance. Je compris que le moyen de l'y conserver étoit de me défaire d'Ajax, & je m'en détachai peu à peu. Nous avions tous deux usé l'amour tant que nous avions pû : il me prévint, il prit son parti, & ne pouvant plus tenir à Smyrne, il passa dans l'Isle d'Eubée. Je recouvrai par-là toute ma liberté, bien résolue de ne plus regarder l'amour que comme l'écueil de ma fortune & l'ennemi de mon repos. Cette avanture m'affermit en effet pendant plusieurs années dans un parfait éloignement pour toute affaire de cœur, & je vis impunement tout ce que la jeunesse de Smyrne & des Villes voisines avoit de plus aimable. Mais dans le temps que je me croyois le plus à labri des coups de l'Amour, il me gardoit un dernier trait, contre lequel je me trouvai sans défense.

Je vous ai entretenues quelquefois de Damasippe, & je vous ai raconté les obligations que j'avois à ce solide ami. Malgré toute sa prudence, il fut l'instrument d'une avanture humiliante dont je ne dois pas ici m'épargner la honte. Damasippe(il faut vous rappeller son portrait] sans prendre le nom de Philosophe, sans faire ouvertement profession de Philosophie étoit de l'ancienne secte de Thalès. Il vivoit assez obscur à Smyrne avec un patrimoine honnête qu'il n'avoit jamais alteré, & qu'il ne cherchoit point à grossir. Il étoit dans ce point de maturité où les femmes, pour être heureuses, devroient se choisir des amans : c'étoit l'âge qui suit la jeunesse, cette bouillante & folle jeunsse qu'on aime tant avec ses défauts, & il n'en avoit conservé que les agrémens. Damasippe plus soigneux de lui-même qu'il sembloit n'apartenir a sa profession, étoit toujours vetu proprement, sans luxe, sans affectation, ſans recherche. Il ne pouvoit ſouſſrir cette négligence qui ne rend pas la Philoſophie aimable, & dont pourtant nos Philoſophes ſe parent. Il penſoit que la plus ſevere ſageſſe ne pouvoit diſpenſer perſonne de ſe rendre agréables à la ſociété, & d'accommoder ſon exterieur au goût des hommes avec qui on eſt obligé de vivre. Avec toutes les qualités qui forment le ſage, il n'étoit pas exempt de certaines foibleſſes. Il vint un jour me voir fort ſecretement, & il prit dans un aſſez court entretien un gout très particulier pour moi. Je goutai auſſi beaucoup ſon eſprit, & je l'invitai à perdre chés moi les momens dont il pouroit être embaraſſé. Il profita de cette ouverture, & ſes viſites furent fréquentes. Je m'accoutumai à le voir, à le diſtinguer de la foule, & à le regarder d'un autre œil que tout ce qui m'environnoit. Il ſe forma bien-tôt entre nous une liaiſon fondée de ma part ſur une eſtime infinie, & ou il entroit de la ſienne autant d'amonr qu'il en falloit pour le rendre plus intereſſant. Je trouvois en lui cette politeſſe du cœur ſi differente de la nôtre qui eſt toute exterieure, ou qui n'eſt plutôt qu'une dériſion, une perfidie authoriſée. Damaſippe devint pour moi un ami de toutes les heures : il me donnoit d'utiles avis & me conſeilloit ſur toutes mes affaires. Il auoit auſſi toute ma confiance, & nous en vînmes insensiblement à ne pouvoir plus nous passer l'un de l'autre.

Vous êtes peut-être curieuses de sçavoir comment un Philosophe vit avec une personne de notre ordre. Ce fut d'abord l'envie de connoître une femme dont l'éducation n'avoit point été négligée, d'adoucir par le commerce des graces l'austerité de la Philosophie, qui amena chez moi Damasippe, comme Socrate alloit chez Aspasie. Mais entre personnes de different sexe, le commerce de l'esprit est bien languissant, sans un peu de sensualité. Je ne crois non plus à l'amour des ames dont Platon a fait un si beau songe, qu'anx viſions de ſa République. Tous ces ſages prétendus dont on vante l'amitié pour certaines femmes d'un mérite extraordinaire, étoient des ſtatues en Public, & des hommes en particulier. Il eſt bien rare qu'entre les deux ſexes l'amitié ſubſiſte bien pure, ſans s'écarter un peu de ſes bornes. Quelquefois ce ſentiment precede l'amour : il ne lui ſuccede que trop ſouvent ; mais il lui ſert preſque toujours de voile, & ſûrement ne l'exclut jamais. Le défaut des qualités aimables & le ſerienx de l'âge, ne ſont pas des raiſons pour bannir l'amour des liaiſons même les plus graves. Car les mêmes paſſions qui s'éteignent par l'habitude, à l'égards des objets faits pour être aimés, s'allument aussi par l'habitude à l'égard des autres, & vous sçavez qu'elle adoucit jusqu'à la laideur. Vous comprenez donc que Damasippe quittoit de tems en tems avec moi le personnage de Socrate, pour prendre celui d'Aristipe. S'il apartient aux Philosophes de spiritualitser les plaisirs, ils peuvent bien humaniser la sagesse. J'étois extrêmement attachée à lui presque sans passion, je veux dire sans éprouver cet état violent qu'on appelle amour, & qui à bien autant d'amertume que de douceur. Mais mon Philosophe étoit vrayment amoureux, & qu'il entendoit bien l'art d'aimer! Les heures couloient avec lui comme me des momens. Au-reste il sçavoit mêler dans nos entretiens à la galanterie délicate, à la fleur même des agrémens je ne sçai quoi de solide & de lumineux qui m'accoutumoit à penser. Le fond de ces entretiens n'avoit rien d'austere: c'étoit plutôt l'enjoument tout pur! mais la raison les assaisonnoit, & venoit leur servir de pointe. Un Philosophe guai n'est pas une espece commune. Mon Professeur de gayeté (comme il s'étoit nommé lui-même) ornoit tous les jours mon esprit, en feignant de l'amuser seulement, ou tout son esprit sembloit passer dans le mien; j'en avois du moins avec lui plus qu'avec tous les autres hommes. Il me développoit, il étendoit mes idées: mon imagigation se montoit, pour ainsi-dire, au ton de la sienne; elle s'embelissoit & se produisoit sans effort. Enfin comme on voit s'écouler la lumiere & la chaleur d'une même source il éclairoit mon intelligence, il excitoit mes perceptions. Et la pensée juste & refléchie sous la forme du sentiment; le sentiment délicat & fin sous l'air de la naiveté: l'expression facile & legere venoient se plaçer dans ma bouche.

Mais je vous ai promis, ce me semble, un autre incident de ma vie, & je m'amuse à jetter des fleurs sur la tombe d'un ami qui n'est plus; achevons le récit de mes aventures. Damasippe un jour voulut éprouver s'il avoit réussi à me rendre solide, ou si j'étois capable de retomber dans les travers que vous avez vûs : cette épreuve me couta cher, & ne fut pas heureuse pour lui.

Pamphus de Colophon excellent joueur de Flute, mais plus célébre encore par sa beauté fut mandé à Smyrne, pour la célébration des Fêtes de Cybelle. Il parut plusieurs jours en Public, & fit presque autant de conquêtes que le concours attira de Spectatrices. Mais comme il ne trouvoit par tout que lui-même qui fut digne de ses regards, il vit d'un œil indifferent les beautés de Smyrne, n'en fut que plus vain, & s'en aima d'aventage. C'étoit la premiere fois qu'il venoit à Smyrne ; mais cette Ville, au gré de son amour propre, n'ayant rien qui pût l'arrêter au-delà du séjour qu'avoit exigé son emploi, il se disposoit à partir, quand Damasippe sçut l'engager à me voir. Il marqua peu d'empressement pour cette visite, & ne parut céder à ses instances que pour se donner le plaisir d'humilier un peu mes charmes. Je ne m'attendois point du tout à une pareille entrevue : Damasippe s'étoit bien gardé de m'en prévenir, & quoi qu'on m'eut beaucoup parlé de Pamphus pour m'inspirer la curiositéde le voir sa fatuité dont on m'avoit instruite en même temps suffisoit pour la reprimer. Nous n'avons point de rivales si dangereuses que ces mignons de la Nature qui veulent usurper sur nous l'empire de la beauté.

Aussi-tôt que Pamphus parut, je fus frappée de sa figure, & je rougis plus d'une fois de dépit de voir, au moins à ce qu'il me sembloit, mes appas éffacez par les siens. Mais je ne sentis qu'augmenter encore mon mépris pour toute sa personne, & sa vanité me l'auroit bien enlaidi, si j'avois pû dementir mes yeux. Pamphus de son côté me vit, comme il avoit vû toutes les femmes de Smyrne, avec une distraction insultante qui, je l'avoue, me piqua au vif: mais qui n'empêcha point mes regards de s'attacher malgré moi ſur lui. Qu'il eſt beau, diſois-je en moi-même, il eſt bien en droit de dédaigner de foibles appas qui ſans doute doivent céder aux ſiens ? Sa viſite qui fut aſſez courte ſe paſſa de cette maniere. Jamais peut-être il ne fut ſi fat, ou n'affecta tant de l'être. Il me déplût extremement : je crûs du mois l'en trouver beaucoup moins aimable. Il avoit fait tout ce qu'il avoit pû pour déplaire : mais j'étois déja trop piqué, pour qu'il me fut indifferent. Nous nous revîmes le lendemain au portique d'Homére, cù le hazard nous fit rencontrer. Pamphus vint à moi, & en m'abordant il n'oublia rien pour me confirmer dans l'opinion qnc j'en avois prise la veille : il fut plus ridicule encore que la premiere fois, & je le trouvai, l'examinant mieux, encore plus charmant. Je ne sçai s'il s'apercevoit déja de l'effet de ses charmes, & de ma foiblesse : il abusoit bien, en tout cas. de ses aventages : il redoubloit à tout moment de fatuité. Il m'offrit de me ramener : je n'acceptai ni ne refusai ses offres : il me suivit plutôt qu'il ne m'accompagna, & voulut se reposer chés moi. Ce fut le prétexte d'une nouvelle sçène plus outrageante que la premiere. Il siffloit au lieu de m'entretenir, ou ne le voit pas les yeux de dessus un miroir qui se trouvoit par hazard à son point de vue. La scène fut aiusi quelque tems muette : il n'ouvrit la bouche que pour faire la fatire de toutes les femmes de Smyrne, à laquelle il n'y eut pas la moindre exception. Il me faifoit mon portrait fous l'idée d'une autre, & quoiqu'il ne me peignit point en beau, je ne pouvois m'empêcher de me reconnoître. Il n'interrompoit fes impertinences que pour fe remettre à fifler & reporter fes yeux au miroir. Il n'en falloit pas tant fans doute pour faire jetter par les fenêtres un plus honnête homme que lui, & j'étois pouffée à bout quand fon propre ennui l'obligea de faire ceffer le mien, & me délivra de fa préfence. Vous vous imaginez bien l'état ou m'avoit mis ce délicieux tête à tête.

Quoi

Quoi ! disois-je, venir exprès m'insulter chez moi ! Ne voir une femme adorée de toute la terre que pour lui marquer le plus piquant mépris ! Non je ne le souffrirai plus. Fermons notre porte à ce brutal. Fuyons cet ennemi de mon sexe Que dis-je ! Il faut plutôt le voir pour l'humilier à son tour. Rendons lui mépris pour mépris: n'est-il pas bien digne des nôtres, & manque-t-il de ridicules, pour n'oser l'accabler de mes railleries ? Je formois ces résolutions, & sa vue me faisoit tout oublier. Qu'ai-je fait de ma fierté, me disois-je ensuite ! Je vais donc devenir la fable de Smyrne ! Un jeune étourdi vient me braver jusqu'au Théâtre de ma gloire; il brave impunement mes charmes, & peu s'en faut que je ne céde aux siens. Ainsi l'Amour pour me séduire empruntoit le secours de la vanité. Pamphus trois jours après me fit demander un entretien. J'eus le tems de me parer, & je n'oubliai rien pour être aimable; il me fit morfondre toute la journée à l'attendre inutilement, & je perdis toute ma depense. Pour comble d'outrage, il eut soin de ne pas me laisser ignorer qu'il s'étoit arrêté sans objet chés Fotis ou il s'étoit amusé à boire. Le jour suivant, comme pour réparer l'impolitesse de la veille, il vint me surprendre au lit. Je ne l'attendois pas, mais j'étois sous les armes pour recevoir un Hiérophante Ephésien, ou chef des Prêtres de Diane. Vous sçavez que ces personnes sacrées qui ont commerce avec les Dieux, sont plus recherchées dans leurs plaisirs que le commun des hommes. Ainsi vous jugez bien que mon deshabillé devoit être entendu. J'étois dans cette attitude voluptueuse où un homme qui n'est pas de marbre ou d'airain, ne voit gueres impunément une jolie femme. Ma gorge étoit alors dans toute sa beauté, & j'en laissois voir justement ce qu'il en falloit pour faire envier le reste : L'émotion que me causoit la vûe de Pamphus en l'agitant contribuoit encore à lui donner plus d'agrément.

Des bras ornés de leur blancheur, arrondis par un juste embonpoint, & jettés avec cette négligence, dont l'art disparoit sous les graces, appelloient encore la volupté. Une jambe d'albâtre en s'échappant de dessous un voile de pourpre qui me servoit de couverture, montroit aux desirs vagabonds la route fortunée des plaisirs. Ajoûtez à tous ces aventages qu'une femme, même en les cachant, fait si bien valoir, cet air de fraicheur que le sommeil laisse en nous quittant sur des attraits reposés, un teint & des yeux animés par la présence d'un objet aimable : enfin une extrême envie de plaire, qui ne réussit jamais mieux qu'avec ceux qui nous plaisent eux-mêmes beaucoup : voilà le tableau que l'Amour offrit à Pamphus, & dont son insensibilité triompha pendant quelque tems. Il daignoit à peine m'appercevoir, & s'il m'envisageoit un instant, c'étoit sans arrêter la vûe, sans attention, comme par hazard, de l'air le plus libre & le plus dégage. Ses regards sembloient tomber par pitié sur moi, ou ne s'échapper que pour me dire qu'il étoit à l'épreuve de tous mes charmes. Ce fut là que je sentis toute ma foiblesse. Les mouvemens qui devoient alors m'animer, étoient le dépit & la fureur : j'étoit furieuse mais plus foible encore. Je voulus me lever avec précipitation : je retombai languiſſament ſur mon lit. Mes regards cherchoient malgré moi les ſiens. comme il étoit aſſis près de moi je lui pris la main : il la retira bruſquement, & avec cet air de dégoût qu'on a pour un objet qu'on craint de toucher. Enſin emportée par ma paſſion, plus enflammée par tout ce qui devoit l'éteindre, je lui paſſai les bras au cou, en méſforçant de l'attirer. Je ſentis de la réſiſtance, il détournoit même la tête, & ſembloit vouloir ſe débarraſſer. Quelle foibleſſe auroit pû tenir contre un procédé ſi glaçant ? Hélas! je n'étois plus en état d'être fiére : tout mon dépit cédoit à l'amour qui m'abbatoit aux piéds du barbare : je n'étois plus forte que pour aſſûrer ſon triomphe. Je le tenois étroitement ſerré dans mes bras : je ſens les ſiens mollir peu à peu : & je reprens de nouvelles forces. Nos bouches dans ce conflict ſe rencontrent : un baiſer ardent, ou un trait de feu lancé par la volupté même, abat à ſon tour mon vainqueur. Toute ſa fermeté l'abandonne ; il ſe laiſſe entrainer mollement ; il tombe avec moi ſur le lit. Un nouveau genre de combat commence & finit, pour recommencer, finir, & ſe ranimer. Nous mourons, nous revivons enſemble, & plus forte après ma défaite, je vois dans les beaux yeux de Pamphus l'amour languiſſant me céder tout l'honneur de la victoire.

Quel moment ! grands Dieux ! qu'il me paya bien tous ces cruels momens que j'avois passés ! Mais que je fus transportée au charmant aveu que me fit Pamphus, qu'il n'avoit trouvé que moi d'adorable à Smyrne, que me voir & brûler pour moi avoit été l'ouvrage du même instant ; que ses mépris & ses dédains apparens n'étoient qu'un stratagême de son amour, & que les épreuves où il m'avoit mise lui avoient encore plus coûté qu'à moi.

Le Prêtre Ephesien vint se présenter à ma porte, qu'il trouva fermée pour lui & pour toute la Terre. Ce jour m'étoit trop précieux pour en perdre un instant. J'oubliois tout, & Je m'oubliois moi-même. Pamphus ſcella de ſes ſermens une union qui devoit être éternelle. Il lui fut bien aiſé de me perſuader ce qui flattoit tant mon amour. Son ſéjour à Smyrne qui dura deux mois, ne fut employé qu'à me donner tous les jours de nouveaux gages du ſien. Je m'y attachai encore plus que je n'avois fait à aucun de mes Amans, & l'expérience des maux que m'avoit fait l'amour, ne fut point capable de vaincre un penchant plus fort que toute ma raiſon. Damaſippe ſçut bien-tôt notre intelligence, & ceſſa de me voir. Il ne crut pas devoir troubler un délire, dont il attendoit la guériſon du tems; & m'abandonnant à moi-même, il m'épargna par ſon abſence, toute la confuſion que je méritois. Je ſongeois pourtant quelquefois à lui : quelquefois je le comparois à Pamphus, & il ſembloit encore le combattre dans mon cœur. Quelle différence de mérite, diſois-je dans mes momens de réflexion! faut-il donc qu'un peu de jeuneſſe, que des avantages auſſi frivoles que ceux qui m'ont ſéduite dans Pamphus l'emportent ſur tous ceux du cœur & de l'eſprit! Qu'avec tant de raiſons d'eſtimer quelqu'un & de mépriſer ſon rival, nos mouvemens ſoient ſi peu d'accord avec nos lumieres, & que tout conſpire en nous à les étouffer. Souvent j'enviſageois les ſuites de ce nouvel engagement, & pour me juſtiſier ma foibleſſe, je croyois n'être attachée à Pamphus que par un goût aussi frivole que son objet, prête à l'oublier aussi-tôt que la passion seroit émoussée. J'éprouvai bien-tôt le contraire. Pamphus rappellé dans sa Patrie fut obligé de céder aux vœux de ses concitoïens. Il voyoit trop mon emportement pour oser m'annoncer son départ. Mille fois il m'avoit juré qu'il renonçoit à Colophon, & qu'il ne me quitteroit jamais. Il résolut donc de me cacher sa fuite, & ce fut encore Dammasippe qui l'aida dans ce funeste projet. Je n'appris que j'avois perdu mon Amant, que quand le Vaisseau qui emportoit le parjure fut en pleine mer, & à plus de dix mille de Smyrne.

Une Lettre qui me fut rendue de ſa part, m'informoit de la néceſſité du voyage, & me flattoit de l'eſpérance de le revoir bien-tôt dans mes bras. Vain eſpoir ! qui ne pût jamais entrer dans mon cœur ! Je connoiſſois trop les hommes pour m'y livrer. Quoi ! diſois-je dans ma douleur, je ſuis la dupe d'un volage ! Il ſuffit donc d'aimer pour faire des ingrats ? Comment a-t-il pû tromper les yeux d'un Amante ? Mon amour ſomeilloit-il lorſque le perfide formoit le deſſein de m'abandonner ? Je redemandois mon Amant à tout ce qui m'environnoit : je le cherchois encore partout où je ſçavois qu'il n'étoit plus. Son nom étoit toujours dans ma bouche. Mes pleurs couloient dès le matin, & le ſoir recommençoient à couler encore. Smyrne étoit devenu pour moi auſſi ſolitaire que l'Iſle de Naxe. Mon cher Pamphus n'y étoit plus : je n'y voyois plus rien : je m'y voyois ſeule auſſi abandonnée qu'Ariadne. Tantôt je faiſois ſur le Vaiſſeau de Pamphus plus d'imprécations que la ſœur de Phédre n'en fit ſur celui de Théſée : tantôt je voulois courir après l'inconſtant, & voler ſur ſes pas à Colophon. Auſſi-tôt que Damaſipe apprit mes agitations & mon déſeſpoir, il me revit, non pour m'accabler des reproches qu'il étoit en droit de me faire, mais pour travailler à ma guériſon, & me conſoler.

Il ne me perdoit pas de vûe un inſtant, & je lui dûs peu de tems après le ſalutaire oubli de Pamphus. Ce fut lui qui m'empêcha de perdre le peu de raiſon qui me reſtoit, qui me ſauva de ma propre fureur, & de toutes les obligations que j'ai à ce ſage ami, celle-ci ſans doute eſt la plus grande. Il faut avouer auſſi qu'il fut bien la dupe de l'épreuve à laquelle il mit ma vertu, & que toute ſa Philoſophie fut déconcertée. S'il voulut bien m'accueillir après le naufrage, ſa main m'avoit pouſſée contre l'écueil, il falloit bien qu'elle me ſecourut.

Cet amour infortuné fut le dernier bouillon de ces paſſions tumultueuſes qui ont de tems en tems agité ma vie :

toute leur fureur vint se briser là : c'étoit le terme marqué aux flots orageux de ma sensible & vive jeunesse. Un calme inaltérable a succédé dans mon cœur : il fait le bonheur de mes jours. J'ai vù depuis ma réputation égaler celle d'Aspasie. J'ai formé la plus grande partie des jeunes gens de Smyrne. Ménandre autrefois si décrié par son yvrognerie & par ses débauches ne doit qu'à moi seule son changement. Pamphile qui sous des traits ingénus, sous tous les déhors que peuvent donner la naissance & l'éducation sembloit ne cacher qu'un vil Esclave, Pamphile m'a l'obligation d'être aujourd'hui le plus honnête homme de Smyrne. Vous ne devineriez pas la façon dont je guéris l'avare Néarque du plus ridicule des vices. Il me venoit voir quelquefois, & malgré sa condition & son opulence, il me payoit à peu près comme un Matelot paye une femme de son rang. Je rougissois de sa mesquinerie: mais je le souffrois par considération. Un jour je m'avisai de me travestir, & m'étant fait annoncer chez lui pour un jeune étranger qui voyageoit, je lui fis demander un entretien. Il me reçut sans soupçonner qui j'étois. Ma visite faite, je me retirai; & lui jettant une bourse pleine d'or, *c'est ainsi que je paye mes plaisir*, dis-je fiérement sans la vouloir reprendre. Néarque me reconnut, comprit

prit la leçon, & devint le plus magnifique de mes Amans. J'ai donc mieux servi ma Patrie que toutes les prudes de Smyrne ensemble, & la Statue qu'un décret public m'a fait ériger, est moins un Monument de l'incontinence que du bon sens de mes Concitoyens. Occupée maintenant à former des sujets dignes d'orner un ordre dont l'utilité est si évidente, je vois croître sous mes yeux d'aimables Eléves, jeunes plantes que ma main cultive, & qui m'honorent encore plus que l'airain muet où le Statuaire a si bien imprimé mes traits. C'est dans ces vivantes Statues que je veux principalement qu'on me reconnoisse, qu'on me retrouve, & Smyrne après moi m'y verra revivre. Du moins en quittant le théatre, je ne le laisserai point vuide. Vous le remplirez agréablement, objets de mes plus tendres soins, vous spirituelle Nicarette, & vous touchante Damaris. Je vous ai confié mes égaremens, profitez mieux de vos beaux jours. L'heureux âge ! si vous sçaviez en connoître le prix. Hélas ! ce n'est qu'aux dépens d'un bien qui nous échappe à chaque instant que nous apprenons l'Art d'en jouir. Triste expérience que tu coûtes cher ! mais à quoi sers-tu ? Vaux-tu jamais les biens que tu nous ravis ? J'étois aimable : he qu'on me l'a dit de fois, combien je me le suis dit à moi-même ! pourquoi ne le suis-je plus ? Je cherche en vain dans ce miroir ce teint, cette vivacité, cette fraicheur que mes ſoins avoient conſervés bien au-delà de mon printems, les années qui m'emportent ont tout enlevé. Ce qu'un jour a commencé de détruire, le ſuivant l'achéve, & chacun de ceux qui ſuccédent vient encore en effacer la trace. Cette prunelle légere, éloquente, auſſi mobile que ma penſée, & qui parloit plus d'un langage, eſt devenue muette, elle ne dit plus rien. Ils ſont éteins ces yeux autrefois ſi vifs, ſi tendres, ſi paſſionnés, comme je les voulois. Amour, indifférence, fierté, dédain, dépit, épanchemen fauſſe joye, ennui réel ou concerté, j'y peignois tous les mouvemens de mon cœur, tous ceux de mon Imagination...... Mais que vois-je, ô Dieux! ſur mon front! eſt-ce une ride que j'apperçois? Eſt-il donc poſſible, fils de Vénus! Qoi déja des rides? .... Non c'eſt le miroir qui me défigure: la Nature ne m'a point encore fait un pareil outrage. Examinons mieux.... En vain je me flatte: ce cruel miroir ne ſait point flatter. Plus je cherche à tromper mes yeux, plus il m'offre diſtinctement le trait hideux que je crains de voir. Tendre Cypris à qui je vouai mes jours, tu jouis d'une jeuneſſe éternelle; & ta Cliente a quarante ans ta Cliente eſt convaincue de vieilleſſe. C'en eſt donc fait? Tu as vécu, Pſaphion : Malheureuſe ! & j'ai trop vécu d'un jour. Qu'on m'ôte ce miroir qui me déſeſpére : défaiſons-nous de ce cenſeur importun, délivrons nos yeux d'un témoin dont je ne puis ſoutenir les reproches : inutile meuble, va loin de moi ; paſſe en d'autres mains : tu ne ſçaurois me rendre ce que j'ai perdu. Je ne vois plus ce que j'étois, & je ne puis voir ſans effroi ce que je ſuis..... Hélas que je ſuis déraiſonnable ! eſt-ce à toi que je dois m'en prendre de la fidélité de ton témoignage & de l'injure des ans. Voyons-plutôt nous, voyons-nous ſans ceſſe. Ne perdons point de vûe ce reſte d'attraits que le tems ſe hâte de moiſſonner. Appliquons-nous à découvrir les ravages qu'il fait chez nous chaque jour, afin de réparer nos ruines. L'Art ſçait corriger la Nature, & c'eſt à mon âge qu'une femme habile doit recommencer à vivre & à plaire.

FIN.

LES HOMMES

DE PROMETHE'E

VOus sçavez, mon cher Théodecte, que c'est à Syracuse où le sage Didime exerçoit l'art divin d'Esculape, que j'ai puisé dans ma jeunesse les sublimes connoissances de la Médecine. Phlegon fils d'Aristile & moi nous étions les plus assidus de ses Disciples. Un jour il nous choisit pour l'accompagner au Promontoire de Plemmire, où il vouloit chercher quelques simples. Après avoir fait le tour de ce Cap qui est vis-à-vis la petite Isle d'Ortigie, nous nous arrêtâmes à considérer les restes d'un Temple de Junon bâti sur le bord de la Mer. Didime en nous montrant ces augustes ruines, nous faisoit remarquer la solidité de l'édifice qui sembloit céder à regret aux efforts du tems, l'élégante simplicité de l'Architecture, & les belles proportions des colones. En parcourant l'intérieur Phlégon & moi, nous vîmes un grand morceau de Peinture qui attira notre attention, mais dont nous ne pûmes expliquer le sujet. Nous eûmes recours au docte vieillard. Il étoit courbé sur une piéce de marbre, où l'on avoit tracé quelques caractéres qu'il s'éforçoit de déchiffrer. Mais plus les lumiéres de son esprit s'augmentoient avec ses années, plus celles du corps s'affoiblissoient. *Enfans*, dit-il s'adressant à nous *j'ai besoin ici de vos yeux : les miens refusent de servir ma curiosité*. Nous cûmes assez de peine à lire l'inscription : elle étoit conçue en Langue Greque, mais en caractéres Puniciens assez mal formés, & elle portoit ces mots LE PIRATE ACTOR, *pour obtenir une heureuse Navigation, consacre à Junon dont il emporte la statue, cette base de marbre, poids inutile, dont il n'a point voulu charger son Vaisseau*. Didime ne pût s'empêcher de sourire de cette plaisanterie sacrilége ; mais s'étant apperçu que nous l'observions, il reprit aussi-tôt son sérieux.

Nous allâmes au morceau de Peinture, il reconnut la main de Panenus (*a*), & en nous en montrant les beautés, il décéloit tant d'intelligence & de goût, qu'il y avoit lieu de lui appliquer ce que dit Menechme de Sycione, dans son histoire des célébres Artisans: *Qu'il ne faut guéres moins d'habilete pour sentir ainsi les belles choses que pour les produire.* Il ne se lassoit point d'admirer, & de regretter ce beau monument que le tems alloit consumer, & qu'il avoit déja beaucoup altéré.

Le sujet de cette peinture étoit la formation de l'homme

(a) *Peintre Athénien, frere de Phidias. Il excelloit dans l'expression.*

& de la femme par Promethée. Le fond du Tableau étoit un grand Paysage où le Peintre avoit rassemblé les scénes champêtres les plus riantes. On y distinguoit divers animaux. Le couple humain en occupoit le devant. Ces deux figures étoient toutes nues, & d'une correction admirable. L'homme avec un visage où brilloit toute la majesté de son sexe, sous des traits mâles & réguliers, avoit des membres déliés & nerveux, dont tous les muscles étoient prononcés, comme dans ces beaux groupes d'Athlétes que vous avez vûs dans l'*Achradine* (a). Il étoit de cette haute stature, dont on représente les héros. La figure

(a) *C'étoit un quartier de Syracuse.*

de la femme un peu plus petite, se présentoit en face dans une attitude propre à faire remarquer tous les aventages d'une excellente conformation. Si le Peintre avoit employé toute la force de son peinceau, pour caractériser notre sexe, il en avoit réservé tous les agrémens & toutes les finesses pour l'autre. Tout y étoit achevé, la tête, les bras, le sein, les moindres parties : un bel ordre de membres, des contours purs, partout de la grace & de la rondeur : une carnation qui sembloit avoir la chaleur & le sentiment qu'elle excitoit dans le spectateur, & sur laquelle aussi la vûe ne s'arrêtoit pas impunément ; formez-vous de tout celà l'idée d'uu tableau que je ne puis vous crayonner que bien foiblement. Ces figures se tenoient par la main, & les doigts délicats de la femme pressoient tendrement celle de l'homme. L'air de son visage ne peut se décrire : c'étoit un mélange piquant de pudeur, d'innocence & de timidité ; ses yeux à demi baissés paroissoient s'échapper avec un souris fin sur son image que réfléchissoit un petit ruisseau. Je ne sçai si ce miroir naturel n'étoit point un incident placé par le Peintre, pour faire entrevoir l'origine de l'Amour-propre né avec nous. On voyoit un peu plus loin Prométhée tenant l'urne où il avoit renfermé le feu céleste qui venoit d'animer l'homme & la femme.

Il contemploit ſon ouvrage avec complaiſance : la joye, la ſurpriſe, & l'admiration éclatoient dans ſes avides regards.

Après avoir conſidéré cette Peinture avec des yeux éclairés par ceux de Didime, nous l'engageâmes à nous raconter tout ce que la Tradition des Poëtes avoit pû fornir à Panenus, ſur un ſujet qui nous paroiſſoit ſterile. Didime qui ne laiſſoit paſſer aucune occaſion de nous inſtruire, nous fit aſſéoir à côté de lui parmi ces ruines, & s'exprima de cette maniere.

Jupiter vainqueur des Titans, que l'injure faite à Saturne avoit moins armez contre lui que leur propre ambition, étoit bien affermi ſur ſon Trône, & buvoit tranquillement le Nectar que la main d'Hebé lui versoit sans cesse. Tout étoit calme dans l'Olympe, & les audacieux enfans de la Terre, consumés par les foudres célestes, où enchainés dans le Tartare ne causoient plus d'allarmes aux immortels. Le reste des Titans échappés aux Dieux erroit tristement sur la Terre affligée de leur défaite & de sa solitude. Promethée l'un d'eux promenant sa vûe sur le sommet du Mont Caucase, & delà découvrant au loin les fertiles & désertes contrées de l'Asie : *Quoi ! dit-il, parce que les Titans ont voulu conquerir les Cieux, la Terre restera-t-elle inhabitée ? Si l'Olympe est le séjour des Divinités, doit-elle être le partage des vils animaux ? Essayons de vanger son injure : n'entreprenons plus d'escalader le Ciel, mais devenons rivaux des Dieux : imitons leur puissance & leurs œuvres, & donnons des habitans au Monde.* Il dit, & conçut l'idée de l'homme. Aussi-tôt prenant une terre vierge, une argile pure, il modéla d'après les Dieux-même ce chef-d'œuvre inconcevable, dont la structure n'est pas moins étonnante à nos yeux que celle du vaste Univers. L'argile docile sous ses doigts, tantôt devient compacte & solide pour former les os qui servent de base & de soutien à toute la machine : tantôt devient souple & fibreuse pour servir de matiére aux muſcles, aux nerfs, aux tendons, & autres ligamens: tantôt s'étendant comme l'écorce des arbres forme ce tiſſu merveilleux qui couvre, & enveloppe le corps humain. Enſin elle ſe transforme en mille manieres, comme l'eau dont on arroſe un arbuſte, toute ſimple qu'elle eſt de ſa nature, ſe change en diverſes ſubſtances, & ſe métamorphoſe ſucceſſivement en feuilles, en fleurs & en fruits. On dit que l'ingénieux fils de Japet détrempa cette terre molle & ſpogieuſe, deſtinée à être la matiére du cerveau, du cœur & du foye, avec différentes humeurs qu'il ſçut extraire des animaux, & que c'eſt la ſource des paſſions humaines. Quand

Promethée eut mit la derniére main à ſon ouvrage, il prit le reſte de la terre qu'il avoit toute préparée, ne fit que la broyer un peu pour la ſubtiliſer davantage, & forma la femme; véritable copie de l'homme, auſſi originale que le modéle: copie faite également pour la ſymétrie & pour le contraſte, toujours diſcordante & née pour l'accord. Imaginez-vous un couple fort reſſemblant, & très diſſemblable, deux êtres oppoſés & faits l'un pour l'autre, deux amis toujours brouillés enſemble, & deux ennemis toujours en termes d'accommodement: Voilà l'homme & la femme, tels qu'ils ſortirent des mains de Promethée, tels qu'ils ſont encore.

Ces deux figures beaucoup plus parfaites que les plus excellentes ſtatues d'Alcaméne ou de Phidias, étoient inanimées commele marbre & l'airain. Il étoit queſtion de leur inſpirer le ſentiment, la vie, & le mouvement.

Promethée reconnut alors combien ſa puiſſance & ſon induſtrie étoient inférieures au pouvoir des Dieux, & conçut un deſſein digne d'un Tiran. Ce fut d'aller juſque dans le Ciel dérober une portion du feu vivifiant qui eſt l'ame de l'Univers. Il trouva le moyen d'entrer dans le ſanctuaire immortel où ce feu céleſte eſt en dépôt, & avec ce précieux larcin, il revint aux pieds du Mont Caucaſe. Là comme un habile Statuaire imprime en quelque ſorte la vie au bronze, en le réparant au ſortir de la fonte, tel Promethée en approchant le feu divin de ſes deux maſſes de terre, ſoudain les anime & les rend vivantes. On les voit ſe mouvoir d'elles-mêmes & prendre diverſes attitudes. Déja le ſang coule dans leurs veines, & teint toute leur chair d'une couleur vive: leurs yeux s'ouvrent & brillent du feu qui vient de paſſer dans leur ſubſtance : toute leur ame eſt peinte ſur leur viſage, & les ſenſations ſe manifeſtent.

Mais tranſportons-nous ſur la ſcéne : conſidérons ces deux Automates dans l'inſtant qu'ils paſſent du néant à l'être. Prêtons-leur des expreſſions pour produire les idées que ſont naître en eux les divers objets qui frappent leurs ſens. Faiſons-les, pour ainſi dire, penſer tout haut, & voyons leurs perceptions ſe développer.

Apeine, éblouis par la lumiére qui vient d'branler leur mobile organe, ils ont aſſûré leurs foibles paupieres, que leurs premiers regards tombent ſur eux-mêmes : Bien-tôt ils ſont entraînés ſur d'autres objets. L'azur éclatant d'un Ciel ſans nuages, le criſtal d'une onde pure, & auſſi tranſparente que l'air, l'émail des prairies, le verd des campagnes, celui des forêts : toutes ces couleurs que la Nature ſemble aſſortir, & varier pour le ſeul plaiſir de la vûe, tour à tour enchantent leurs yeux, y entrent agréablement & ſans confuſion, & dilatant leurs tendres membranes, y tracent leurs douces images. L'Univers ſemble en ce moment ſortir exprès pour eux du cahos: On diroit que tout vient d'éclore en même-tems, le ſpectacle & les Spectateurs.

Mais déja leurs regards ſont-ils épuiſés ſur cette magnifique ſcéne? Quel attrait les raméne à chaque inſtant ſur eux-mêmes? Ils admirent tout ce qui les environne: mais ils ſe contemplent avec une curioſité bien plus vive, & avec un ſecret intérêt. Le plaiſir qu'ils ont à ſe voir n'eſt plus borné à l'impreſſion de la vûe. Leurs ames ont paſſé dans leurs yeux: c'eſt là qu'elles ſe montrent, & ſe communiquent : Le ſentiment ſuplée à l'intelligence ; elles s'entendent ſans ſe connoître, & la Nature ſeule eſt l'interpréte de leur langage. Les perceptions qu'ont produit les autres objets, n'ont laiſſé dans leur cerveau que de légeres traces ; cellesqu'exciteréciproquement leur préſence, agitent leur imagination, & la développent.

D'où viens-je ? Où ſuis-je ? S'écrie la femme, (car il faut bien lui déférer l'honneur de rompre le ſilence) *n'étois-je point il y a un inſtant ? Qui tout-à-coup m'a donné l'être, & le ſentiment de mon exiſtence ? Vous que je vois ſeul ici tout ſemblaçle à moi, ſi notre condition eſt la même, aidez-moi à démêler tout ce que je ſens.* L'homme dont les oreilles étonnées du chant des oiſeaux, éprouvent déja un nouveau ſentiment qu'il ne comprend pas daventage, frapé par une voix plus intéreſſante, paſſe dune ſurpriſe à une autre. » Qu'entens-je ? S'écrie-t-il à » ſon tour, quels ſons ont pé» nétré mon oreille, & de-là » ſe ſont portés à mon cœur ? » Que de douceur ils ont fait » couler dans mon ame ? Je » vous dois une nouvelle vie, « moitié de mon être, en qui » je reſpire. Car aux mouve» mens que vous m'inſpirez, » au pouvoir que vous exercez » ſur mes ſens, vous ne pouvez » être qu'une partie de moi» même. Auſſi-tôt il s'approche, lui prend la main, & pressant l'yvoire de ses doigts: » Que sens-je? Continue-t-il, » Ah! quel charme encore est » attaché à ce que je touche! » La blancheur & le poli de » cette peau excite dans la » mienne un sentiment déli- » cieux. Elle lui communique » une douce chaleur qui me pé- » nétre, entre dans mes vei- » nes, & m'enflame. » Leur étonnement renaît ainsi sans cesse des diverses propriétés qu'ils découvrent successivement en eux mêmes; mais il va faire place à l'instinct qui leur en prescrira l'usage; & la Nature plus jalouse de leur action que de leur connoissance, les va rendre encore plus dociles qu'attentifs à ses mouvemens. Ils marchent, & s'avancent dans le vallon, d'où l'œil de Prométhée les observe. La femme instruite de sa foiblesse par l'appui de l'homme qui affermit ses pas, s'abandonne à sa conduite, & dès ce moment semble lui céder un rang qu'elle sçaura reprendre. Ils traversent un champ que Flore avoit paré de tous ses dons. L'éclat des fleurs ne fait qu'amuser leurs yeux : mais le doux parfum qu'elles exhalent saisit fortement leur odorat, & principalement celui de la femme. Des Abeilles avoient déposé entre un Laurier-rose & un Myrthe des rayons de miel : leur odeur confondue avec celles des fleurs, n'échappe point à la fineſſe de ſon organe : un vif ſentiment la démêle. Déja l'or de cette manne liquide à ſéduit ſes yeux : & bien - tôt ſes yeux là convient à faire l'eſſai d'une ſenſation qu'elle ignore. Elle prend un de ces rayons, y trempe ſon doigt, le porte à ſa langue, & flatée par la douceur du Nectar de Flore, elle preſſe l'homme d'en goûter. Qui peut réſiſter aux invitations d'une femme dont la main préſente du miel ! Ce Sexe nous fait ſi ſouvent avaler le fiel & l'abſynte. A peine l'agréable ſuc a touché les lévres de l'homme qu'il veut dévorer les rayons : excité par l'exemple de ſa Compagne, il en mange & s'en raſſaſie. Ce dernier ſentiment, dont l'experience eſt due à l'heureuſe curioſité de la femme, leur paroît encore plus piquant que tous ceux qu'ils ont éprouvés. L'effet de ce léger repas eſt prompt: les vapeurs du miel font couler dans les libres canaux de leurs veines un baume qui les aſſoupit. Le ſomeil les ſurprend au pied du Myrthe, ſous lequel ils étoient couchés. *L*'homme s'éveille le premier, & ſe trouve dans les bras de ſa chére compagne. Elle s'étoit attachée à lui comme la vigne ſe lie à l'ormeau. C'eſt dans ce charmant point de vûe qu'il va la conſidérer avec plus de goût. Mais ſur quels appas fixera-t'il ſes avides regards? Chacun excite en lui un deſir particulier. Deux globes de marbre plus blancs, plus polis que le plus beau marbre de Paros, & ſemblables à deux agneaux bondiſſans, l'intéreſſent par leur agréable mobilité. Ses yeux, ſes mains, ſa bouche ſemblent tour à tour s'en diſputer la poſſeſſion. De longs cheveux blonds qui tombent par boucles, ondoyent mollement ſur ſon ſein : Et que le ſomeil l'embellit encore! ſes joues qu'il détrempe légérement, ſans les faire enfler, du ſuc le plus pur de ſes pavots, ſont animées d'un doux vermillon qui ſe confond avec la fraicheur des lys. Son nez modelé ſur celui des Graces, n'eſt point trop ouvert, & reſpire néanmoins librement. Ses lévres, comme un bouton de rose dans l'instant qu'il s'épanouit, bordent délicatement sa belle bouche, & sa bouche environnée des Ris laisse entrevoir un rang de perles qui donne à ses rubis un nouvel éclat. Telle la mere du genre humain s'offre au premier homme. C'est par tant d'attraits, Divin Prométhé, que tu jettas les fondemens de la propagation, & que tu sçus en assurer la perpétuité. L'instinct si puissant dans les animaux, la nécessité même, & les desirs naturels ne suffisoient pas pour ce grand dessein. Tu voulus nous faire une douce violence, & les agrémens prodigués au Sexe sont moins le chef-d'œuvre de tes mains que ta profonde intelligence. Cependant la

la Nature appliquée à diriger dans ses voyes ces premiers hommes, se hâte d'achever l'Ouvrage de leur industrieux Artisan. Elle-même chante leur hymenée : ils passent de délices en délices, des bras de Morphée dans ceux de l'Amour. » Quelle félicité ! s'écriela l'Epouse avec transport »
» Quoi ! La source de tous nos
» biens réside en nous mêmes ?
» Nos besoins même sont nos
» plaisirs : ils sont attachés à
» nos sens, & chaque partie de
» nous à les siens ! . . . » Ah !
» Chere moitié de moi-même,
» interrompt le Pere des hommes » le sentiment que je viens
» déprouver renferme lui seul
» tous les autres. J'ai admiré
» l'éclat du Soleil : la serenité

» du jour enchantoit ma vue ;
» mais tes yeux ſont plus beaux
» encore : un de tes regards
» m'ennyvre demille douceurs.
» Lesfleurs de ces champs, leurs
» vives couleurs faiſoient le
» charme de mes yeux ; celles
» de ton teint les effacent tou-
» tes, ſur-tout celles que j'ai
» fait éclorre. J'ai reſpiré a-
» gréablement l'odeur de la
» Roſe, & du Myrthe : ton
» haleine eſt encore plus dou-
» ce. J'ai entendu l'harmonieux
» Roſſignol, la tendre Fau-
» vete, ils ne charmoient que
» mon oreille : le ſon de ta
» voix retentit jusque dans
» mon cœur, je la ſens cou-
» ler de mes veines. J'ai goû-
» té la douceur du miel : & ce-
» lui que j'ai ſucé ſur tes lé-

» vres eſt mille fois plus déli-
» cieux .... Mais quelle lan-
» gueur m'enchaîne encore !
» Toute ma force eſt elle ſor-
» tie de moi ? Avons - nous
» fait un échange de nos a-
» mes ! Eſt-ce ta ſoibleſſe que
» je ſens, & ne m'aurois-tu
» donné qu'à ce prix les plai-
» ſirs que jai goûtez dans ton
» ſein. Ah ! Je le vois, trop,
» tu reprend les droits que tu
» ſemblois céder à mon ſexe,
» & tes yeux t'aſſûrent mieux
» l'empire ſur moi, que les
» vaines prérogatives qui pa-
» roiſſent fonder le mien.

FIN.

Fautes à Corriger.

PAGE 18, *ligne penult.* de de-conduire, *ôtez le*, de.

Page 24, lig. 5. & 6. à ceux de son Sexe, *lis.* à ceux des autres.

Page 28, lig, 17. & 18, sanctuaire étoit, *lis.* Sanctuaire étroit.

Page 32, lig. 13. le lendemain *lis.* que le lendemain,

Pag. 46, lig. 3 l'instance, *lis.* l'instant.

Page 49 lig. 21. celle-cy corriger, *lis.* corriger celle-cy.

Page 52, lig. 1 & 2 elle ne nous laisse, *lis.* cette disposition ne nons laisse.

Page 58. lig. 9. & 10. tout tend les bras, *lis.* tout vous tend les bras.

Page 93. lig. 2. je la plaignois, *lis.* je le plaignois.

www.ingramcontent.com/pod-product-compliance
Ingram Content Group UK Ltd.
Pitfield, Milton Keynes, MK11 3LW, UK
UKHW022107260726
13993UKWH00001B/372

9 782329 269283